Key Opinion Consumer

关键意见消费者

概念、特征和价值

KOC

赵灵慧 著

上海社会科学院出版社
SHANGHAI ACADEMY OF SOCIAL SCIENCES PRESS

关键意见消费者(key opinion consumer，KOC)，是指能够传播品牌知名度、影响消费者购买行为的消费者。

荐 语

赵灵慧博士师从市场营销领域专家玛丽·努尔·海克尔-伊丽莎白（Marie Nour Haikel-Elsabeh）教授。通过3年的博士研究，她采用严谨的科学研究方法，在国际学术环境下对中国社交媒体领域进行了深入的实证调研。她对KOC（关键意见消费者）的现有概念进行了拓宽定义，并制定了KOC人群的画像，为品牌提供了评估KOC营销的新标准。这项研究成果不仅对市场营销学中的KOC概念进行了清晰的学术定义，还为品牌在数字营销的新趋势下提供了巨大的商业价值。在整个研究过程中，赵灵慧博士面临了中西方文化及数字营销发展阶段不同的背景差异。她通过大量的文献阅读和实证研究，产出了经过国际学术标准验证的成果。因此，该书对于数字营销、社交媒体、虚拟社区和影响者营销等领域的研究者将是一本重要的参考资料。同时，作为中国数字营销专家，赵灵慧博士通过她的研究为她服务的企业和品牌带来了高投资回报和商业价值。这也使得该书成为品牌企业和行业从业者不可或缺的读物。

——祖婷婷　巴黎高等管理学院(ESGCI)全球工商管理博士项目中国校区校长

作为一名在市场领域从业二十多年的资深专业人士,我深知如何提高广告投资的效率一直以来都是广告行业的最大挑战。阅读本书后,我惊喜地发现:本书不仅通过翔实的数据和精确的科学分析,揭示了在去中心化[①]媒体时代如何通过有效的KOC投资和利用来推动销售业绩,还创新地总结出了KOC投资与销售业绩转化的模型,为广大市场营销人员提供了深入的理论参考和问题解决方法。

赵灵慧博士一直以不妥协的态度而闻名,不论是在工作还是生活中。本书正是她对待事物的真实写照和心血结晶。我希望读者能通过本书找到实效营销的奥秘,也能更好地了解一个真实而坚持不懈的赵灵慧。

——张斌　博士

随着全球特殊情况逐渐减退,市场正在逐步复苏。在这个过程中,我们仍然需要保持创新,并帮助广告主节约各种营销费用,

[①] 去中心化(decentralization)是互联网发展过程中形成的社会关系形态和内容产生形态,是相对于"中心化"而言的新型网络内容生产过程。在一个分布有众多节点的系统中,每个节点都具有高度自治的特征。节点之间彼此可以自由连接,形成新的连接单元。任何一个节点都可能成为阶段性的中心,但不具备强制性的中心控制功能。节点与节点之间的影响,会通过网络而形成非线性因果关系。这种开放式、扁平化、平等性的系统现象或结构,我们称之为去中心化。

实现品效协同。因为在社交媒体平台环境下，KOC对于其他普通消费者的购买决策具有很高的影响力，新一代消费者会利用社交媒体平台关注和研究自己想要购买的产品。KOC营销是我们未来要关注的重要领域之一。作为互联网营销行业的资深从业者，赵灵慧博士将自己不断探索和尝试新的营销机会的经验分享给大家。

——王南　MediaV副总裁

本书探讨了KOC在社交媒体平台上对消费者购买决策的影响。全球的社交媒体平台正在持续快速变化，并且在这个过程中成为更大、更重要的渠道。广告主对于投资回报率的要求迫使数字营销人员寻找新的社交媒体影响者，以在蓬勃发展的社交媒体营销中进行品牌推广。赵灵慧博士的著作通过对业内数字营销专家的访谈，对KOC的学术概念进行了定义。这为今后研究该主题的学者提供了有价值的参考，值得深入阅读。

——王娜　天龙集团品众创新首席执行官

初次阅读本书时，我被深深震撼。市面上有很多关于营销的书籍，但大多只涉及逻辑、模型和数据，很少有人亲自指导我们如何进行KOC营销。本书采用了理论与实践相结合的原则，将一位资深营销人士二十多年的经验融入其中，逐步引导我们认识KOC的价值，教授投资KOC的方法，并推动KOC营销实现业绩转化。每一步都值得我们学习，并能够应用到实际工作中，具备可复制性。可以说，本书不仅为我们的营销增长提供了一套全新的视角，引人深思，还是经过验证的方法论。不论您是刚刚踏入营销领域的新手，希望提升自己，还是在职场已经有所建树，想要寻求突破，本书都会带给您全新的思考角度。

——李晓玢　无双科技首席执行官

当我与赵灵慧博士一起讨论她的毕业答辩时，我能感受到她在本书中付出了非常大的努力。由于过去三年全球突发情况的影响，广告主在预算减少的情况下将策略集中在效果类广告投放上。点击通过率（click-through rate，CTR）是广告主考核的指标之一。但是，在当前广告数量庞大的情况下，消费者变得擅长快速识别哪些内容是真实用户发布的体验，哪些内容是广告营销。本书给了我们一个不同的营销视角，推荐阅读。

——Amy Lim　OMD 大中华区苹果项目 SEM 总经理

新一代的消费者越来越愿意利用不同的社交媒体平台来发布和分享他们的真实经验和感受，这对品牌来说既是机遇，也是挑战。KOC 距离消费者最近，品牌需要在这样的商业环境下快速适应，在营销策划时也需要考虑如何通过 KOC 和消费者建立一种比过去更直接、更快速的关系链。赵灵慧博士的研究给我们带来了更多启发、更系统的理论和学术思考，相信会为未来 KOC 营销的发展打开更好的局面。

——底飞　群邑（GroupM）中国首席投资官

品牌都希望充分利用现有的移动互联网，并及时进行更新和迭代；同时，消费者通过社交媒体平台关注和研究自己感兴趣的产品，并查看其他消费者的真实使用感受。"如何保留现有客户，如何吸引新客户？"这是我们营销人员共同面临的难题。KOC 在社交媒体平台上如何影响消费者的购买决策，也是我们未来营销需要深入探究的课题。本书在这方面有独特的视角研究结论，供大家阅读参考。

——计宏铭　知定堂传媒科技集团首席执行官

荐序一　消费者主权崛起的时代

社交网络的蓬勃发展，改变了人们的消费行为，也因此改变企业的营销策略。

首先，社交网络时代，消费者获取信息的成本大幅降低，获得信息的途径和能力大幅提升，消费者决策受其信息来源结构及其信息整合处理能力的影响越来越大。一些平台会利用消费者的偏好通过算法来推荐信息，从而影响消费者的决策。消费者为了让自己的决策看起来更正确，也会寻求多方信息，特别是更权威的消费者发布的信息。于是，KOC的影响力应运而生。小红书、抖音、B站和知乎等平台，因此成为内容营销、兴趣电商和信息分享的重要阵地。

其次，社交网络时代也是消费者主权崛起的时代。在过去的市场交换过程中，跟企业相比，消费者一般处于劣势地位，利益经常受损，发声常被忽略。但社交网络赋予了消费者发出自己声音的权利，也提供了消费者之间互相支持提高交易地位的工具和渠道，消费者在市场交换过程中的地位大大提升。企业依赖传统媒体优势影响消费者行为的效果大打折扣,转而开始依赖社交媒体全方位影响消费者的决策。其中,和消费者站在同一阵营、最具有同理心的 KOC,应该成为企业理想的合作伙伴。

最后,在人人皆媒体、人人可带货的新商业时代,KOC 也是 IP 营销的一道靓丽的风景线。KOC 自身也会演绎出多种类型,承担起多种角色,但他们是集消费者和营销者于一体的新物种,值得营销学者仔细研究一番。

本书作者赵灵慧是我的学生。她从事市场营销专业工作数年,对市场营销的新现象、新事物和新做法保持敏感、关注,一直处于很好的学习状态。这本书正是她持续学习的成果。

特此推荐!是为序。

蒋青云

复旦大学管理学院教授、东方管理研究院院长

荐序二　数字营销新的趋势

建立一个新的场所，人们愿意前往；创造一种价值，他们才会留下。

赵灵慧博士对KOC的研究是具有开创性的，我们相信它将很快被营销界接受和认可。特别是在当前环境下，"重建信任"成为一个重要的议题；我们迫切需要在基层与高层、企业与客户、名人与粉丝之间信任破裂之后重新建立信任。信任是建立在关系之上的，我们与亲近的人之间有着最牢固的信任基础。因此，KOC首先是您的父母、伴侣、老师和孩子。我们回到了重视口碑，重视"一诺千金"的时代。

最具挑战的部分在于，当主流营销界已经普遍认同并积极推广关键意见领袖（KOL）的应用时，赵灵慧博士在此基础上提供了对KOC的新认知，并通过学术方法对其进行了概念定义。在这个过程中，她凭借中国数字营销领域的专业背景、丰富的数字营销工作经验以及广泛的人脉网络，成为帮助中国企业思考进入市场营销下一个时代的关键人物。

对于任何想了解数字营销新趋势、避免单一应用理论(例如传统的 KOL)风险的人来说,她的著作都是必读之选。我见证了赵灵慧博士如何一步步从模糊的感知逐渐形成独到的见解,她不断探索、尝试、修正和再探索。诚然,这个领域还有许多待研究的方向,赵灵慧博士的理论与框架为这个领域提供了必要的基础和起点,同时也为企业和营销部门制定未来战略提供了借鉴。

玛丽·努尔·海克尔-伊丽莎白博士　巴黎高等管理学院教授
赵灵慧　译

荐序三　从 KOL 到 KOC：真实与责任的转变

很荣幸，我就是那个本书里所说的 KOC 中的一员。

也许有人会说，以你在音乐界的地位和影响力，更应该被归为 KOL。然而，在日常生活和工作中，我逐渐意识到自己不仅仅是一个音乐人，还在某种程度上扮演着消费者的角色。

作为一名音乐人，我和团队需要日常经营海内外十多个社交媒体账号，并经常与品牌和媒体合作。这些合作无疑让我具有一定的影响力，但当我发现我所穿戴和使用的单品会在购物平台上被标注为"同款"，甚至有独立的账号分享我每一次的穿搭和使用物品时，我意识到自己多了一种责任，一种引导的责任。

我开始仔细挑选每一次的分享内容，尽量确保每次都能给大家带来我真正喜欢的、发自内心想要推荐的单品。例如，当我遇到一款心爱的耳机时，我会毫不掩饰地从实用评估的角度分析它为什么好，并且也会实实在在地每天使用它。这样的真实感让我觉得是在发自内心地分享喜欢的"好物"。

再比如我曾与一个家居品牌合作的体验中，当时拍摄的单品都是我提前一个月就在日常使用的。拍摄期间,我不时会迸发出一些产品新奇的使用方法,那种熟悉感和原生感也是和刚刚拿到产品完全不一样的体验。我也希望能在未来保持住这种发自内心的分享欲。

对我来说,从 KOL 到 KOC 的转变并不是一种降级,而是一种更加贴近消费者、更加真实的角色定位。在这个过程中,我学到了很多,也更加明白了自己的责任和使命。

这本书完美地从理论和专业上解释了 KOC。我也衷心希望品牌方能多多关注 KOC 这个全新的社交媒体影响者群体,探索如何通过 KOC 更有效的影响消费者的购买决策。毕竟,在这个信息爆炸的时代,真实的声音更容易被听到,真实的体验更容易被感受到。

无论商业环境和时代如何变幻,真实永远是最有力的武器。这也是我一直坚持的原则和信念。本书的作者赵灵慧,是我认识多年的朋友。她是一位真实、充满了内在驱动力去追逐她所爱的人和事的人。以我对她的了解,由她来讲述这种真实和 KOC 的力量,我觉得再合适不过。

胡梦周(Corsak)
中国电子乐男歌手、词曲作者、音乐制作人

荐序四　KOC时代重塑营销认知与策略的国际视野

当赵灵慧博士最早提出研究KOC的时候，我就十分支持，因为当时国内无论是营销业界还是网络媒体都对KOC很感兴趣。流量爆款的时代已经过去，越来越多的品牌都达成共识，在互联网的下半场营销拼的是社群运营和私域流量的细心经营能力。然而，这项研究的价值还是超出了我的预期。

首先，在国内，即便是专业的广告圈，对于到底什么是KOC并没有一致的认识。在几十次的访谈过程中，赵灵慧博士碰到了很多意想不到的对于KOC认知的反馈。当时她找我商量时，我才认识到原来KOC这个概念拥有如此丰富的内涵。当然，这也足以证明了这项研究的价值。这项研究有利于大家对于KOC形成共识，提升相关营销管理工作的效能。

其次，这项研究的成果被要拿到国际学术舞台上去交流的。比较后才知道，原来在中国，"消费者听从KOC的建议做购买决定"的权重在国外学者看来高得出奇。我们基本上都有这个经验,在国内电商平台买产品,可能最看重的就是过去的销量以及"购买过该产品的用户的点评"。但欧洲的研究结论揭示,"KOC对于消费的建议"的权重排名仅仅位列第七。欧洲学者非常惊讶"顾客的反馈或推荐"对于中国消费者具有那么重要的影响。

由于整个研究过程正好横跨整个疫情,国际学术交流和探讨出现了前所未有的困难,赵灵慧博士迎难而上,补充了国际企业的营销案例,实现了与欧洲权威学者的深度探讨交流。当然克服这个困难再次侧面体现了本研究的学术价值,有利于外国营销领域专家理解中国市场特征,洞悉以KOC为核心的新型营销管理思路的未来发展趋势。

以上分享的内容也许仅仅是赵灵慧博士此次研究价值的一部分。作为见证者,我看到本书的成书过程中赵灵慧博士身为营销专业人士的视野蜕变,以及实现了研究能力和工作能力上的升维。诚恳推荐营销相关专业人士,或者对于营销领域感兴趣的读者,都能认真参考本书中的案例和研究结论,在本书的基础上进一步探索研究相关领域,在国际舞台发出营销创新领域的"中国声音"。

唐文纲博士

自序　KOC的影响力

关于KOC的影响力,我想谈一谈我选择KOC作为数字营销领域研究对象缘起以及它如何促使我完成了这本书。

三年前,我选择KOC作为我的数字营销领域研究方向。那时,KOC刚刚开始在中国社交媒体平台被提及。KOC在社交媒体平台上的影响力,是他们通过分享产品真实购买使用后的感受,去影响其他消费者的购买决策。

KOC,全称为"key opinion consumer",即关键意见消费者,是指能够传播品牌知名度、影响消费者购买行为的消费者。他们通常在社交媒体上具有影响力和号召力,是在社交媒体平台上积极发表产品评论和反馈的用户,其意见和评价对其他用户的购买决策产生着重要影响。

KOC对于消费者的影响力主要表现在以下几个方面:

1. 引导购买:KOC对产品的评价和反馈往往能够影响其他用户的购买决策。如果KOC对某产品给予正面评价,那么其他用户可能会更倾向于购买该产品。反之,如果KOC对某产品给予负面评价，那么其他用户可能会减少对该产品的关注。

2. 品牌传播：KOC往往是品牌的积极传播者。他们在社交媒体上分享自己的使用体验和评价，能够让更多的人了解和认识品牌。此外，KOC还能够为品牌提供宝贵的市场反馈，帮助品牌更好地了解消费者的需求和期望。

3. 建立信任：KOC的意见和评价往往能够影响其他用户的信任度。如果KOC对某产品给予高度评价，那么其他用户可能会更相信该产品的品质和价值。反之，如果KOC对某产品进行质疑或批评，那么其他用户可能会对品牌产生怀疑。

这是一种用自己的价值观去吸引具有相同价值观的人的影响行为。这种行为体现了一种通过分享真实体验和感受，去影响和帮助他人的努力。经过三年与KOC的深度交往，不知不觉中，KOC的努力、真实和分享的精神，也成为我价值观的一部分。我意识到，如果我能够分享我对于KOC的深度了解，营销行业人士也能够真正地做出改变。所以，我决定写这本书，分享我对KOC影响力的理解和研究成果。我希望这本书能够帮助读者理解KOC的影响力是如何运作的，以及他们如何通过自己的努力和积极的价值观去影响他人。我也希望这本书能够鼓励更多的人去追求他们的梦想，去做他们认为正确的事影响自己。

前　言

近年来，突发事件对全球经济造成了巨大的冲击。随着疫情的逐渐散去，各国经济虽然呈现出复苏的迹象，但各公司仍然需要努力创新，并降低品牌营销费用的开支。2022 年下半年，我常驻上海，接触最多的是国际快消奢侈品行业的客户。这些客户和营销专家都在讲述一些现实的处境：品牌预算有限，需要更多地关注业绩和投资回报率[①]。品牌不仅需要保持现有市场份额，还需要重新构建并增加新目标客户的购买场景。营销人员正面临共同的痛点：如何在留住老客户的同时拓展新客户？然而，对于品牌营销来说，传统的 KOL 投资回报率正在慢慢下降，成本却在逐年增加。同时，消费者对传统的广告形式日益厌倦，也变得越来越擅长快速解码哪些内容是用户的真实感受，哪些是广告营销。

这些困惑迫使数字营销从业者寻找新的策略，就在这时，

---

① 投资回报率（return on investment，ROI）=（税前年利润/投资总额）×100%。它是衡量企业从一项投资性商业活动得到的经济回报、企业盈利状况所使用的比率，也是衡量一个企业经营效果和效率的一项综合性的指标。

KOC进入了他们的视线。全球的社交媒体环境正在经历日新月异的变化。在中国,这种变化尤为明显,社交媒体已经深度融入人们的日常生活,更加本地化。随着以互联网社交媒体为主的新技术、新信息的爆炸式增长,消费者越来越多地利用不同的社交媒体发布和分享他们的真实体验和感受,消费者作为传播者的作用越来越大。KOC能够以真实、可信的方式分享消费体验,因此对其他普通消费者购买决策具有巨大影响力,有可能为品牌方带来高投资回报率。

KOC在中国数字营销圈迅速走红,并非偶然,而是市场环境、技术发展和消费者行为变化的共同作用。品牌需要快速适应这样的商业环境,利用互联网与消费者建立一种比过去更完善、更直接、更快速的关系链。

当KOC刚刚出现在微信朋友圈时,我就感觉这是未来的一种新的社交媒体影响者。我决定立刻动手研究,希望通过对KOC的深入研究为品牌营销提供新的视角和解决方案。

在对KOC研究中,我构建了定性和定量分析模型,引入了来源可靠性的直接效应、互动正向影响来源可靠性的中介效应、来源可达性正向影响来源可靠性的中介效应以及KOC独立性正向影响来源可靠性的中介效应。同时,基于中国千名普通消费者的线上调研数据,我从消费者视角对KOC影响消费者购买决策的心理机制和路径进行了深入分析和研究。我发现,KOC作为普通消费者的真实购买体验,他们的影响力基于真实的购买使用后的体验和感受,而非粉丝数量。这与KOL有着本质的不同,因为普通消费者没有粉丝,只有真实的使用体验反馈。这使得KOC

在影响消费者购买决策方面具有独特的优势。此外,通过针对909位消费者的有效问卷的分析,我证明了KOC是中国的新的社交媒体影响者,他们的声音能够影响消费者的购买决策。这个发现进一步验证了KOC在营销中的重要地位,也为品牌营销提供了新的策略。

为了让更多的人了解KOC的影响力,我在本书中提出了一系列实用工具,帮助读者理解社会化媒体营销方法中使用的特定语言。同时,我也附上相关的中外文献,为那些对社交媒体影响者话题感兴趣的读者提供更多的资源,便于他们继续探索"KOC影响消费者购买决策"的世界。

目 录

荐　语 / 1

荐序一　消费者主权崛起的时代 / 1

荐序二　数字营销新的趋势 / 1

荐序三　从 KOL 到 KOC：真实与责任的转变 / 1

荐序四　KOC 时代重塑营销认知与策略的国际视野 / 1

自　序　KOC 的影响力 / 1

前　言 / 1

第一章　社交媒体影响者 / 1

　　意见领袖和影响者 / 1

　　多维度解析影响者类型 / 3

　　超级影响者的优势与局限 / 4

　　微影响者的崛起与价值 / 6

　　日益受到关注的纳米影响者 / 8

　　市场专家的新定义 / 8

品牌大使的力量与风险 / 9
使用者推荐的真实性 / 11

第二章　探索 KOC 的定义 / 15
学术界对 KOC 的认识 / 15
社交媒体人如何说 KOC / 18
KOC 的定义：访谈的结果 / 20

第三章　KOC 与 KOL：看似相似，实则大不同 / 24
KOL 现状：挑战与机遇并存 / 24
KOC 与 KOL 有哪些区别？ / 26

第四章　KOC 背后的力量：社交媒体平台 / 32
为什么社交媒体平台对品牌而言很重要？ / 32
社交媒体平台是连接人际关系的中心 / 35
社交媒体平台是一个创新和自由的空间 / 37
社交媒体平台是提升个人技能的工具 / 39
社交媒体平台是生产者和消费者的合作平台 / 41
中国主流社交媒体平台概览 / 44

第五章　KOC 的魅力：如何影响消费者的购买决策 / 53
消费者决策过程解析 / 53
KOC 影响消费者购买决策行为模型 / 54
消费者说 KOC 对他们的影响 / 59
为什么 KOC 有这样的影响力？ / 63

第六章　KOC 画像 / 67

KOC 人群特征 / 67

KOC 人群分类 / 69

普通消费者成长为 KOC 的过程 / 73

第七章　KOC 的商业价值：品牌营销的新机遇 / 76

品牌方如何寻找并与 KOC 合作？ / 76

品牌方选择 KOC 的注意事项 / 78

与 KOC 开展营销合作：问卷调查的结果 / 78

第八章　抛砖引玉：KOC 营销案例两则 / 87

我是春节期间奢侈品品牌的 KOC / 87

KOC 和 KOL 结合营销影响消费者的购买决策 / 91

结　语　发掘 KOC 与品牌营销的新结合点 / 99

附　录 / 101

附录一：KOC 概念定义和 KOC 人群画像勾勒 / 101

附录二：访谈概要 / 110

附录三：KOC 概念定义和 KOC 人群画像验证 / 157

参考文献 / 159

致　谢　感谢所有支持我的读者和合作伙伴！ / 163

第一章
社交媒体影响者

意见领袖和影响者

谈及 KOC，不可避免地需要谈及意见领袖。意见领袖这个概念可以追溯到 20 世纪中叶（Scher and Schett, 2021），它描述的是那些能在团队中成为信息和影响的重要来源，并能左右多数人态度和倾向的少数人。这些人不一定是团体的正式领袖，但他们消息灵通、精通时事。他们可能因为足智多谋、在某方面有出色才干，或者具有一定的人际交往能力，从而得到大家的认可。在消费行为学中，意见领袖特指那些为他人过滤、解释或提供信息的人，他们持续关注某一领域，进而对某类产品或服务有更多的知识和经验。这些人可以是家庭成员、朋友、媒体人，或者虚拟社区中消息灵通的人士。

从历史角度看，该概念由拉扎斯菲尔德在《人民的选择》（1940）一书中首次提出。随后，埃尔金、卡茨、拉扎斯菲尔德和罗珀（Elkin, Katz, Lazarsfeld, and Roper, 1957）进一步发展了这个概念,将其定义为密切关注媒体并将自己对媒体的解读传递给大众的少数人。

值得注意的是,在 20 世纪 40 年代初,当"子弹论"①在传播学中盛行时,拉扎斯菲尔德等人在 1940 年美国总统大选期间进行的研究发现,尽管大众传媒努力宣传,但真正改变选民意向的并不是媒体,而是亲戚、朋友和团体的影响。这突显了意见领袖和其追随者之间复制和拓展的关系(Shoham and Ruvio,2008)。

在当今的互联网传播时代,尤其是社交媒体盛行的背景下,意见领袖的作用被进一步放大。信息可以迅速通过社交媒体传播给相关的兴趣群体,然后再由这些群体传播给更广泛的受众。在这个过程中,意见领袖起到了解释、评价和导向的关键作用。例如,"三星电池门"事件在 2016 年通过社交媒体迅速传播,得到了全球的关注,这背后离不开意见领袖的推动和影响。

无论是 KOC,还是意见领袖,都属于影响者的范畴。"影响者"的英文"influencer"源于动词"influence"(影响),指的是在特定社群中拥有一定知名度和影响力的人——无论是线上还是线下。广义上,这个群体涵盖了各种角色,包括明星艺人、KOL、内容创作者等。他们的言行、观点或推荐能够在其追随者中产生一定影响,从而形成某种趋势或引导某种行为。

---

① "子弹论",又称"皮下注射理论",是一种有关媒介具有强大效果的观点。核心内容是:传播媒介拥有不可抵抗的强大力量,它们所传递的信息在受传者身上就像子弹击中身体,药剂注入皮肤一样,可以引起直接速效的反应;它们能够左右人们的态度和意见,甚至直接支配他们的行动。这种理论流行于第一次世界大战至 20 世纪 30 年代。

要成为一个"影响者",通常需要满足一些基本条件:首先,他必须具备某种权威、知识、职位或与受众的特殊关系,这赋予了他们影响他人的权力。其次,影响者在其积极参与的领域或项目中必须有一定数量的追随者。这些追随者的数量因各种情况而异,包括影响者发布话题的热度、时效性等。

Google搜索显示,"influencer"一词自2000年开始受到了越来越多的关注。这也在一定程度上反映了社交媒体和数字化营销的发展趋势,即越来越多的品牌开始认识到与影响者合作的重要性,并将其纳入营销策略。

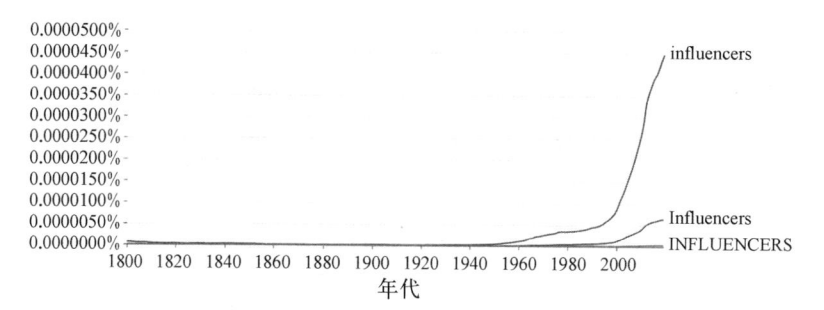

图1-1 "影响者"概念使用历史情况

多维度解析影响者类型

在社交媒体纷繁复杂的生态系统中,影响者们形成了多个层次和领域。为了更好地理解这个生态系统,我们可以通过多种方式来区分这些影响者。最常见的方法有三种:追随者数量、内容类型和影响程度,也可以按影响者所在的行业属性和话题对他们进行分组(Geyser,2022)。

按照影响者所在的行业属性和话题对他们进行分组是一种有效的方法。这意味着,出现在更为垂直的类别中的影响者可能具有更大的影响力。尽管他们的追随者数量可能相对较少,影响范围也可能不那么广泛,但他们对自己追随者的影响程度往往更深。例如,专注于某一特定领域,如美妆、健身或电子竞技的微影响者(micro-influencer),甚至纳米影响者(nano-influencer),在他们的专业领域内可能拥有高度忠实的追随者。

从影响者的追随者规模维度来看,可以将他们分为:超级影响者(super-influencer,超过百万/甚至更高)(Klear and We Are Social 2017;Jay Baer,2013)、中间影响者(middle influencers,最多250 000名粉丝)和微影响者(最多10 000名粉丝)(eMarketer,2017)。超级影响者,在中国被称大V,以微博和抖音上的大V为例,粉丝数量有的超过1 000万,有的甚至超过1亿。

超级影响者的优势与局限

虽然超级影响者在粉丝数量和影响范围上具有显著优势,但这并不意味着他们对粉丝的购买决策具有巨大的影响力。事实上,一些研究表明,由于缺乏专门的狭隘领域的专业知识和有限的观点发布,超级影响者对其追随者的实际购买决策影响往往较小。相反,一些微影响者和纳米影响者由于拥有深厚的专业知识和对粉丝的深度互动,对其专业领域内的追随者产生更大的影响,可能对所在领域的品牌营销产生更大的帮助。

对于品牌来说，识别并与这些具有深度和专业领域影响力的微影响者和纳米影响者建立合作关系，可能是一种更为有效和有针对性的营销策略。同时，品牌也不应忽视超级影响者在扩大品牌知名度和覆盖面上的作用。综合运用各种类型的影响者营销策略，可以更好地实现品牌的营销目标。

超级影响者中有一类特殊群体，他们不仅仅是社交媒体上的知名人士，也是线下的名人，包括影视明星、运动员、音乐家、真人秀明星等。这些超级影响者通过他们在影视、音乐、体育和其他领域的出色表现，以及品牌代言广告等方式，在全球范围内积累了大量的粉丝（追随者）。他们的名气和影响力不仅局限于某个社交媒体平台，而是跨足多个领域和渠道。

在品牌营销中，这些超级影响者具有巨大的商业价值。他们的代言和推荐能够为品牌带来广泛的曝光和认知，提升品牌的形象和信誉。然而，邀请这些超级影响者参与品牌营销并不是一件轻松的事情。由于他们的服务成本高昂，代言费用往往超过 100 万美元起，而且他们对合作的品牌也非常挑剔，因此基本上只有大品牌才有足够的预算和资源来邀请他们做品牌营销。

此外，与这些超级影响者进行合作通常需要经过一系列的商业谈判和交易。这些名人往往有专门的经纪公司来帮助他们管理商业事务和谈判合作。品牌需要与这些经纪公司进行深入的沟通和合作，才能成功邀请超级影响者参与品牌营销。同时，品牌还需要在合作过程中确保与超级影响者的形象和价值观保持一致，以避免合作中的风险和负面影响。

尽管与超级影响者合作存在一些挑战和限制，但对于品牌来说，与他们建立合作关系仍然具有很大的潜力和价值。通过与超级影响者合作，品牌可以借助他们的影响力和粉丝基础，快速扩大品牌的知名度和影响力。如果合作得当，超级影响者的推荐和代言还可以为品牌带来更多的忠实用户和消费者。

微影响者的崛起与价值

与超级影响者形成鲜明对比的是微影响者。这些人在日常生活中就像你我一样普通，但他们因为对某个专业垂直领域的深度了解和独特见解而脱颖而出。他们在社交网络上或许没有数以百万计的粉丝，但他们拥有的追随者却对他们保持着高度的关注和互动。这也再次印证了一个观点：追随者的数量并不能完全代表影响力的大小，真正重要的是影响者与追随者之间建立的真实、深度的关系。

从社交媒体公开的数据来看，微影响者的追随者数量在1 000—5 000人之间，最多的也不过拥有10 000名粉丝。这个数字与超级影响者相比显得颇为渺小，但他们与追随者之间的关系却更为紧密。他们非常珍视这种与粉丝建立起的信任，因此，他们在推荐产品或品牌时表现得非常谨慎。例如，如果有一些不太知名的公司希望他们试用新产品并分享感受，微影响者会先深入了解该品牌和产品，确保它们与自己的价值观和推荐标准相符，才考虑是否进行推荐。这也意味着他们对待合作品牌非常挑剔。

有些微影响者对于自己钟爱的品牌,甚至会主动、免费在社交媒体上进行推广。这与超级影响者形成了鲜明的对比,超级影响者通常需要品牌支付一定的费用才会进行合作推广。无论是哪种影响者,他们都不太可能为了金钱而推荐自己认为"不合适"的品牌或产品给粉丝(追随者)。

随着社交媒体的飞速发展和Z世代用户在网上花费的时间越来越多,微影响者的地位和影响力也在持续上升。他们中的一些人利用社交媒体平台的便捷性和广泛覆盖,通过直播带货等方式,达到了与传统名人相当,甚至更高的知名度。例如,某口红带货"女王"就是一个典型的例子,他凭借对美妆领域的深度了解和独特的推荐方式,创下了5分钟卖出15 000支口红的纪录。

社交媒体算法的发展也为微影响者提供了更多的曝光机会。通过对用户浏览行为和兴趣的深度分析,算法能够将相关内容推送到潜在受众面前,实现品牌的"种草①营销"。这也意味着,即使是相对小众或垂直的话题和产品,也有可能通过微影响者和社交媒体算法的结合,实现精准、高效的营销。

微影响者在社交媒体生态中的地位不容忽视。他们凭借与追随者之间的深度关系、对专业领域的独特见解以及谨慎的合作态度,正在悄然成为未来社交媒体营销的重要力量。品牌如果想要在社交媒体上实现精准、高效的营销,与这些微影响者建立合作关系或许是一个值得考虑的策略。

---

① 种草是一个网络用语。由于某人介绍了某样东西如何好如何棒,让您对此怦然动心,她便是那"种草"人。越是名人,越是被注以"精华"的帖子,"种草"的能力就越强。在网购中,"草"字通常可以理解为长势凶猛的购买欲。

日益受到关注的纳米影响者

在社交媒体影响者的生态中,近年来一个新的群体开始受到关注:纳米影响者。与超级影响者和微影响者相比,纳米影响者的追随者数量显得尤为稀少,但他们往往是某个特定、高度专业领域的权威或专家。如果将他们比作小池塘里的大鱼,那是再恰当不过的。他们是这个池塘中最热情、最活跃的人,拥有的追随者通常不到 1 000 人。他们与追随者之间有着深度的互动,追随者高度信任他们的意见和推荐。

一些品牌可能认为这部分影响者的覆盖范围有限,不太重视他们,但在社交媒体如此发达的今天,纳米影响者在某些高度专业的话题上拥有不可忽视的影响力。特别是在危机公关等敏感话题上,他们的声音往往能够迅速传播,对品牌形象产生巨大影响。

当然,对于大多数品牌来说,纳米影响者可能不具备像超级影响者那样的广泛影响力,但他们的优势在于与追随者之间建立的深度信任和高度互动。与纳米影响者合作的成本通常较低,这也为品牌提供了一个更具成本效益的营销选择。想象一下,如果品牌能够成功联合数百名这样的纳米影响者,其覆盖范围和影响力也是不容小觑的。

市场专家的新定义

"市场专家"(market maven)一词起初是英文俚语,专门用来形容那些"知情"的投资者。这些人不仅深谙市场的内在逻辑,更重要的是,他们掌握着公众无法触及的珍贵信息。例如沃伦·巴菲特(Warren Buffett)、约翰·博格尔(John Bogle)和乔治·索罗斯(George Soros)等,就是投资界著名的市场专家。

在当今社会,市场专家的含义已经得到了扩展,它不再仅仅局限于投资领域。如今,当我们提及市场专家,更多的是指那些在某个特定市场或领域中,拥有丰富的知识和广泛人脉的市场参与者。他们凭借对市场的深入了解和敏锐洞察,能够为市场事件或特定投资提供值得信赖的意见和建议。

在社交媒体日益普及的今天,市场专家的声音和观点也能够迅速传播到更广泛的受众中。这使得市场专家在品牌营销、危机公关等方面都具有不可忽视的影响力。他们的意见和观点往往能够左右市场情绪,影响消费者的购买决策,甚至对整个行业的走向产生深远影响。

品牌大使的力量与风险

品牌大使,顾名思义,是那些受雇于品牌以积极态度代表其品牌、助力提升知名度和销售额的特定个体。他们不仅是企业的"代言人",更是企业形象在外表、风度、价值观和道德观等方面的实际体现。品牌大使的核心能力在于他们巧妙运用各种促销策略强化客户、产品和服务之间的关系,影响广大受众的购买和消费决策。这些被广大公众所熟知的代言人常常被视作品牌的积极发言人,对于推动产品、服务的销售和品牌的知名度发挥着至关重要的作用。

历史上,品牌使用名人作为品牌大使的做法并非新鲜事。例如,20世纪40年代的电影明星丹·艾克罗伊德(Dan Ackroyd)和约翰·韦恩(John Wayne)曾代言过烟草品牌。鲍勃·霍普(Bob Hope)在20世纪50年代和60年代为美国运通(American Express)代言了信用卡。乔·纳玛特(Joe Namath)是一位美国职业橄榄球运动员,他在20世纪70年代代言了哈恩斯(Hanes)的连裤袜。这个广告系列以乔·纳玛特展示他的运动能力和同时穿着哈恩斯连裤袜的舒适感为特点。

更近一些的,迈克尔·乔丹(Michael Jordan)与耐克的合作关系非常深入。他的Air Jordan系列篮球鞋成为耐克品牌的标志性产品,迈克尔·乔丹本人也成了耐克的重要品牌大使。这个合作始于1984年,至今仍在持续,并取得了巨大的商业成功。泰格·伍兹(Tiger Woods)是一位著名的美国高尔夫球运动员,曾与多个体育品牌的合作,其中与耐克和泰勒梅(Taylormade)的合作最为知名。他与耐克的合作始于1996年,成为该品牌的重要代言人,并推出了签名系列的高尔夫球具和服装。此外,他还与其他品牌如普利斯通(Bridgestone)等合作,共同塑造了他在高尔夫界的形象和商业成功。

欧米茄(Omega)作为一家传统的机械手表制造商,在20世纪70年代石英技术的兴起时遭遇了非常大的挑战,面临了销售危机。当时,欧米茄错过了采用石英技术的机会,未及时调整产品线,导致其品牌声誉受损,并在一段时间内不再被视为一家豪华手表制造商。1995年,欧米茄采取了重要的战略举措,聘请了超级名模辛迪·克劳馥(Cindy Crawford)作为品牌大使。辛迪·克劳馥是当时全球知名度极高的模特,她的加入为欧米茄带来了新的转机。她在广告宣传中展示了欧米茄手表的时尚、优雅和品质,成功帮助欧米茄重塑了品牌形象,并在全球范围内重新获得了认知和关注。在这场转变过程中,让-克劳德·比弗(Jean-Claude Biver)扮演了重要的角色。他是欧米茄的前总裁兼CEO,也是欧米茄品牌复兴的策划者之一。当时他采取了创新的战略思维,通过塑造欧米茄的形象和重新定位产品,成功地改变了整个品牌的命运。

利用名人传播信息有其合理性。名人本身就能够吸引大量的公众关注,他们可以将自己的正面形象与品牌紧密地联系在一起,为产品带来更多的正面评价和销售量。但是,这种策略也并非总是奏效。在某些情况下,如果名人的形象出于某些原因受损,与之相关的品牌形象也可能受到波及,进而影响产品的销售收入。因此,品牌在选择大使时也必须谨慎行事,确保他们的选择不仅与品牌形象高度契合,而且能够在长时间内稳定保持积极的公众形象。让选择的品牌大使长期保持稳定性对品牌营销人员来说是一项具有挑战性的任务。为了应对这个挑战,品牌营销团队需要进行有效的合作、借助社交媒体平台进行社交监测、制定标准的危机公关处理预案并做好日常准备,同时及时进行大数据分析工作,以便随时调整营销策略应对突发变化。

使用者推荐的真实性

使用者推荐是指个人或组织基于他们自己的经验和观点,对某个产品、服务或品牌提供正面的评价和推荐。这些推荐者实际使用过该产品或服务,他们分享自己的亲身经历,以表达对该产品或服务的满意度和效果。

自从市场营销诞生以来,使用者推荐或"口碑"证明就一直被有效应用于市场策略。它们以不同的形式出现,包括文字、音频、视频或图片等。使用者推荐的目的是建立信任、增加可信度,并向潜在消费者传递积极的影响,以促使他们做出购买决策。使用者推荐的力量在于它们是基于真实的经验和观点,通常来自真实的消费者。这种口碑传播的方式更容易引起其他消费者的共鸣,因为人们倾向于相信他人的经验和意见,尤其是与他们有相似需求和背景的人。使用者推荐可以提供第一手的信息和见解,帮助潜在消费者更好地了解产品或服务的优点和价值,增加他们的购买意愿。这种来自过去或现在的不知名消费者的正面评价,能够为品牌带来无法估量的信誉和影响力。当这些真实的用户体验被用于品牌营销时,有助于与潜在消费者建立坚实的信任关系。关键在于,这些推荐必须被公众认为真实可信,而非企业的捏造或夸大。

多数的营销专家都坚信推荐、评论和案例研究是中小企业在市场竞争中取得优势、赢得消费者信任的最有力武器。互联网的出现使得这些推荐变得更为便捷和广泛传播,也使得它们的重要性达到了前所未有的高度。如今,像"Yelp!"和"大众点评"这样的平台已经成为消费者寻找餐厅真实推荐的首要来源。

有趣的是,"Yelp!"和"大众点评"等平台的成功也鼓励了一些普通用户为了获得一些奖励,例如餐厅的优惠或免费赠品,自愿分享他们的真实体验。这证明了商家对于用户推荐的看重。

然而,这也带来了一个挑战:如何确保这些推荐是真实的,而不是为了奖励而夸大或捏造的。为了确保推荐的真实性,一些品牌选择与知名的社交媒体影响者或专业评测机构合作,以获得更为可信和权威的推荐。

表1-1 社交媒体影响者(Social media influencers)概览

影响者	人群特点	来源可靠性	来源可达性	影响消费者的行为
意见领袖	1. 团队中的领袖,影响团队成员态度 2. 针对团队少数话题发表自己的意见,不一定和消费产品相关 3. 独立于品牌和消费者的第三方	强	弱	强
名人影响者	1. 知名专家,具有权威/知识/职位;参与的领域和项目中有追随者,且追随者数量取决于他/她发布的话题及热度 2. 基本不和消费者互动 3. 品牌合作的社会关系资产	强	弱	强
微观影响者	1. 属于消费者,专业垂直领域而闻名,粉丝关注度高 2. 与消费者互动性强,重视与粉丝的关系 3. 品牌付费或热衷产品而免费推荐	强	强	强

(续表)

影响者	人群特点	来源可靠性	来源可达性	影响消费者的行为
市场专家	1. "知情"的投资者或市场参与者，拥有大量知识、人脉 2. 精通市场当前状况 3. 独立于品牌和消费者的第三方	强	弱	强
品牌大使	1. 外观、举止、价值观、道德上体现企业形象，粉丝数多 2. 基本不和消费者互动 3. 品牌付费	弱	强	弱
使用者	1. 属于消费者 2. 与消费者互动性弱 3. 品牌付费或热衷产品而免费推荐	强	弱	强

资料来源：玛丽·海克尔-伊丽莎白教授 2014 年 3 月 13 日在 *HAL open science* 发表的文章"Les leaders d'opinion sur les réseaux socionumériques"（社会数字网络上的意见领袖），https://hal.archives-ouvertes.fr/hal-00958659。

第二章
探索 KOC 的定义

学术界对 KOC 的认识

尽管消费者作为意见领袖的研究可以追溯到较早的斯特恩和古尔德（Stern and Gould,1988）的研究，但"KOC"这个术语最早出现在中国的社交媒体平台上，并且与国外的微影响者和纳米影响者概念有一定的重合。近年来，中国的专家和学者已经发表了关于 KOC 的一系列研究文章和观点。

冯美连（2020）强调了 KOC 在市场营销中的新重要地位，认为 KOC 改变了传统的电商运营和消费模式，推动了从传统的流量经营向现在的私域流量用户经营的转变。

康彧（2020）从流量持有性、转化率、流量来源、影响购买的因素、用户流动性、用户黏性和用户忠诚类型等方面对比分析了私域流量和公域流量，特别指出 KOC 的粉丝效应是推动私域流量购买的关键因素，同时，KOC 还能够为私域流量池注入新的活力。

刘春雄（2020）在线下、社群、网络的立体连接中强调了 KOC

的枢纽作用,指出把KOC作为社群的主体,不仅能够抵达消费者,更加能够放大消费者的数量、增强消费者的忠诚度。

刘丽庆(2021)在分析社区社群电商时引入了"KOC密度"的概念,强调了KOC数量在企业营销中的作用,建议企业要注重KOC库的建立。

吴丹妮(2021)初步探讨了以"她经济"为主的小红书的商业运营模式,将其特征总结为以KOC为核心的去中心化社区模式,小红书用户的活跃度依靠KOC更具说服力的分享。

项勇(2020)通过实例分析总结了KOC的三大核心特质:强大的信息检索能力、扎实的内容创作实力,以及鲜明的艺术表达活力。

张灵灵(2022)针对大学生消费群体进行了问卷调查,发现KOC的推荐在他们初次选择品牌时占有很大比重,并据此为中小企业提出了针对性的策略建议。这些研究不仅证明了KOC在现代市场营销中的重要性,也为企业如何更有效的利用KOC提供了宝贵的策略指导。

除了中国学术界在KOC语境下的深入研究,国外专家学者也探讨过与KOC类似的概念。尽管他们并未直接使用"KOC"这一术语,但其研究的核心观点与KOC的概念高度相似。

波琳娜和苏维托(Berlina and Suwito,2020)选择Instagram上的两名时尚影响者(属于纳米影响者范畴)为研究对象,采用符号学分析方法深入研究了他们发布的照片。该研究总结了时尚影响者在社交媒体上如何构建个人身份的策略,并特别强调了服饰和活动多样性在这其中的关键作用。

肖、王和尚-奥姆斯特德(Xiao, Wang, and Chan-Olmsted,

2018)基于YouTube平台,利用启发式系统模型探讨了影响者营销中的信息可信度问题。他们发现,影响者的可信度、社会影响力、观点质量及其与消费者的互动都能显著影响消费者感知到的信息可信度,并进一步影响消费者对品牌的积极态度。

布雷维斯、里贝斯、阿布特和孔泽(Breves, Liebers, Abt, and Kunze, 2019)专注于Instagram平台,深入研究了影响者与代言品牌之间的契合度如何影响代言活动的效果。他们发现,当影响者与代言品牌有高度契合时,受影响的消费者会更加信任该影响者,并更加积极地对待和支持该品牌。

葛和格瑞泽尔(Ge and Gretzel, 2018)针对微博影响者的数据进行了系统分析,重点探讨了表情修辞在影响者营销中的意义。他们不仅识别了表情修辞的战略价值,还提出了其在多种说服和沟通场合中的应用建议,为社交媒体影响者提供了实用的指导。

修斯、斯瓦米纳坦和布鲁克斯(Hughes, Swaminathan, and Brooks, 2019)进一步分析了线上社交影响者如何推动品牌活动,揭示了这一过程中的多个关键影响因素,包括平台类型、活动目的、来源、激励手段以及内容质量等。

辛格(Singh, 2021)从消费者的视角出发,深入研究了社交媒体影响者如何影响消费者的购买行为。他指出,消费者的态度和信息是两个核心变量,对社交媒体影响者持正面态度的消费者更容易受到其影响。同时,消费者与社交媒体影响者之间的感知联系以及后者在其专业领域的权威性也是决定消费者信任的重要因素。

斯托达德、纳菲斯和库克(Stoddard, Nafees, and Cook, 2019)综合运用社会影响的朴素理论、消费者社会化和市场信号理论构建了一个全面的理论模型,详细阐述了社交媒体影响者如何影响其粉丝对品牌的态度。他们发现,社交媒体影响者的来源可靠性是一个关键的中介变量,其专业性、可信度和友好度都与这种来源可靠性密切相关。来源可靠性又与消费者对品牌的态度紧密相连,同时也与社交媒体影响者的整体影响力正相关。

无论是国内还是国外,学术界对于KOC的认识正在加深。但对于KOC的概念定义仍然相对模糊,也缺乏相关学者对其进行学术研究定义。这为相关研究提供了一个机会和起点。

社交媒体人如何说KOC

近年来,KOC在中国互联网营销领域中的影响力和关注度持续攀升。数字营销人员开始关注并尝试这种新的营销模式,以期提升社交媒体营销策略的效果。为了深入了解KOC,我在各大社交媒体平台上搜索了关键词"KOC""关键意见消费者""KOC概念",以及"KOC人群画像",并对相关内容进行了整理和分析(见表2-1)。

表2-1 社交媒体人对KOC概念和KOC画像的论述

社交媒体人	KOC概念和KOC画像特征	出自社交媒体平台
闫跃龙,2019	KOC自己就是消费者,分享的内容多是自己的亲身体验,他们更注重与粉丝的互动,他们和粉丝之间从陌生到相熟,他们的短视频更受信任。他们的特点是真实和值得信任	微信

(续表)

社交媒体人	KOC概念和KOC画像特征	出自社交媒体平台
马太客,2019	KOC传播离用户更近,KOC与普通用户联系得更加紧密。KOC更具有传播爆发力	知乎
燃文互动,2020	如何让产品推荐更为真实可信?品牌需要找那些与粉丝互动更频繁、垂直领域有专长的小众KOL/KOC	搜狐
群量科技,2020	品牌营销逻辑从追求"信息触达"的广度,转变为建立"用户信任"的深度。品牌借助KOC深度连接以价值认同为原则的圈层化用户,实现与用户之间更高效、可持续的沟通	百度
爪老爷,2020	KOC更受消费者信任,打造的是口碑与互动。KOC就是随便发发朋友圈、拍拍小视频。KOC是消费者,描述我的亲身体验,我们可以做兄弟	知乎
张昊婕,2020	KOC营销方式和网络购物直播具有新型营销方式的可观发展前景	道客巴巴
侯志猛,2021	KOC就是关键意见消费者。KOC首先是一个消费者;第二,KOC拥有关键意见,就是说TA(他/她)能影响其他消费者的购买决策	网易

社交媒体上的各类讨论显示,KOC与消费者紧密相连,相较于KOL,他们的定位更加垂直。KOC的传播距离用户更近,其深度和真实性都超越了传统的营销方式。他们以自己的亲身经

历为出发点,通过分享评论、短视频、购买笔记、产品经验测评等形式,为其他消费者提供了宝贵的信息和建议。这种真实、贴近生活的传播方式更容易引发其他消费者的共鸣,进而影响他们的购买决策。在社交媒体平台上,KOC 所打造的口碑和互动成为他们影响力的核心。相较于传统的广告和推广,消费者更倾向于相信 KOC 的真实分享和推荐。这种基于信任和真实互动的营销模式不仅提高了传播效果,也帮助 KOC 和品牌在社交媒体上的营销更加有效和有针对性。

KOC 的定义:访谈的结果

关于 KOC 概念,迄今为止还没有正式的学术定义。我通过对中国数字营销行业的专家进行采访(包括 36 位数字营销专家和 33 位 KOC),整理出关于 KOC 概念的主要特征:KOC 指的是那些以真实产品试用感受为基础进行分享的消费者;其他消费者对这些意见消费者在社交媒体平台上分享的内容表现出较高的信任度,并会受到这些内容的影响而做出购买决策;KOC 与消费者之间的距离更为紧密。(见图 2-1)

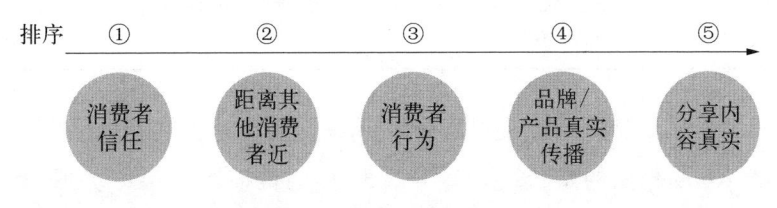

排序 ① ② ③ ④ ⑤

○ 消费者信任 ○ 距离其他消费者近 ○ 消费者行为 ○ 品牌/产品真实传播 ○ 分享内容真实

图 2-1 KOC 概念特征

数字营销专家们对 KOC 概念特征的描述与社交媒体平台上的描述基本一致。这种一致性源于 KOC 概念起源于社交媒体平台，并在数字营销领域逐渐发展。通过定性调研的方式，得出关于 KOC 概念的学术定义："KOC，是指能够传播品牌知名度、影响消费者购买行为的消费者。"

为了确保 KOC 这个定义的准确性，我采用问卷调查向中国数字营销执行层人士进行验证。2021 年 6 月至 2022 年 4 月期间收集了共计 1 356 份问卷。其中，广告代理公司的问卷占比为 37.24%，媒体的占比为 12.83%，品牌方的占比为 25.29%，KOC 群体的占比为 22.12%。

问卷的设计问题具体是："您是否同意以下 KOC 概念的定义：KOC（关键意见消费者）是指能够传播品牌知名度、影响消费者购买行为的消费者。"共收集到 1 356 份问卷，其中 1 225 份问卷（占比 90.34%）表示同意或非常同意该定义，7.96% 的问卷持中立态度，1.70% 的问卷表示不同意或非常不同意。问卷结果表明，通过定性访谈总结的 KOC 概念定义获得了数字营销执行层人士的高度认可。

问卷结果还揭示，72% 的受访者认为 KOC 主要在私域流量、自媒体、直播带货和垂直领域专家等方面发挥作用；3% 的受访者认为 KOC 就是消费领袖；1% 的受访者认为 KOC 可以作为大牌平替①；16% 的受访者认为 KOC 与口碑和"种草"密切相关。此

---

① 平替：意思是品牌方邀请 KOL 做推广费用太高，就用免费或者低成本邀请的达人来替代 KOL 做品牌营销。

外,还有受访者提到KOC涉及产品试用体验者、传承继承以及拼团团长等概念。值得一提的是,93%的受访者表示,尽管KOC的概念在行业内并不常用,但他们均认为KOC确实对品牌营销具有重要价值。

- 100%受访者表示,听说过KOC。
- 100%受访者表示,KOC指的是购买并使用过产品的消费者。
- 100%受访者表示,KOC喜欢分享产品的真实使用体验,并与其他消费者进行互动。
- 100%受访者表示,KOC概念具有存在的价值,并对品牌营销具有重要价值。
- 100%受访者表示,KOC对销售产生了实际影响。

关于KOC与其他相关概念的关系,受访者普遍认为KOC与素人、小KOL、UP主①、达人、网红、博主、QQ时代群主、饭圈②以及产品试用体验者等概念有一定的相似之处。90%的受访者表示,目前在中国社交媒体上活跃的KOC大多没有直接与品牌雇佣关系,而是作为独立的第三方存在,与品牌和潜在消费者之间进行互动。仅有10%的受访者表示,部分KOC与品牌存在商业合作关系,如直播分成、产品免费试用、优惠券或少量现金支付等。

---

① UP主(uploader):上传者,网络流行词。指在视频网站、论坛、ftp站点上传视频、音频文件的人。up是upload(上传)的简称,是一个从日本传入的网络词语。
② 饭圈:网络用语中指粉丝圈子,另外"粉丝"一词的英文单词为"fans",其中的fan可以直接音译为"饭",他们组成的圈子叫"饭圈",近义词有"饭团"。

所有受访者一致表示,KOC通过分享自己真实的购买体验,能够让身边的朋友或其他消费者感受到真实性,从而在朋友圈或社交媒体上形成信息传播。这种口碑效应能够影响身边朋友的购买决策。

第三章
KOC 与 KOL：看似相似，实则大不同

KOL 现状：挑战与机遇并存

随着社交媒体的持续繁荣和数字经济的深化，KOL 面临着前所未有的挑战和机遇。这些挑战既来自市场环境的变革，也与行业自身的特点和发展阶段密切相关。为了保持竞争力和持续发展，KOL 必须积极应对挑战并抓住机遇。KOL 面临的挑战主要包括以下几个方面：

一是信任危机。近年来，一些 KOL 因涉嫌虚假宣传、产品质量问题等行为，引发了公众的广泛质疑。这种信任危机对 KOL 自身形象和声誉，以及整个行业的公信力产生了冲击。为了重建信任，KOL 必须更加注重内容的真实性和质量，同时加强与粉丝的互动和沟通，建立牢固的信任关系。二是竞争激烈和市场饱和。随着越来越多的人认识到成为 KOL 的潜力和机会，竞争变得日益激烈。市场的饱和度提高使得新进入者面临更大的挑战，而现有的 KOL 也需要不断创新和突破来维持自身的影响力。三

是法规监管的加强。政府对网络环境的监管力度不断加大,要求KOL在发布内容时符合相关法律法规的要求。这对KOL的法律意识和合规能力提出了更高的要求,也使得他们对发布的内容更加审慎。四是粉丝经济的变化。品牌方对粉丝的质量和活跃度的关注逐渐增加,而不仅仅是关注粉丝数量。这意味着KOL需要与粉丝进行更深入的互动,建立牢固的粉丝基础,而不仅仅追求表面上的粉丝数量。五是技术变革和新媒体形态的涌现。随着技术的不断进步,新媒体形态如短视频、直播等不断涌现。这些新媒体形态为KOL提供了更多的展示平台和互动方式,同时也带来了技术门槛和运营成本的挑战。

KOL面临的机遇主要包括以下几个方面:一是垂直领域的发展。消费者对个性化需求的增加使得垂直领域的KOL备受关注。这些KOL在某个特定领域具有专业知识和经验,能够提供更精准、更有价值的信息和建议。二是跨界合作与创新。为了应对挑战,一些KOL开始尝试跨界合作与创新。他们与其他行业合作,共同打造更具影响力的内容。这种合作模式不仅能够拓宽KOL的发展空间,还能够为品牌方带来更多的营销价值。三是社交电商的崛起。随着社交电商的兴起,KOL获得了更多的商业变现机会。他们可以通过直播带货、社交电商平台等方式将流量转化为实际购买力,实现商业价值的最大化。四是短视频与直播的流行。短视频与直播的流行为KOL提供了更多的展示平台。他们可以通过短视频和直播与粉丝进行实时互动,增强粉丝黏性,提高影响力。

为了应对挑战并抓住机遇,KOL需要进行多方面的努力和改变：一是加强自律和规范，确保内容的真实性和质量，重塑公众的信任。二是注重创新和差异化发展，提升个人品牌和影响力。三是加强与粉丝的互动和深度连接，建立牢固的粉丝基础。四是关注法规变化和技术趋势，及时调整策略，适应市场的变革。只有这样，KOL才能在变革中持续发展并创造更大的价值。

KOC 与 KOL 有哪些区别？

KOC和KOL只有一个单词的差异，这给非行业专业人士和普通用户带来了概念和定义上的混淆。通过文献研究，我梳理了关于KOC和KOL的一些主要观点。李娜和何继军（2021）总结了目前关于KOL的研究，其中包括KOL的传播内容、KOL的传播效果、KOL的粉丝经济变现，以及KOL与KOC之间的关系。KOL被视为数字营销中的一种新的营销手段，体现了社交媒体营销在覆盖面和影响力上的优势和价值。他们是在某一领域具有专业知识和知名度的人士，对品牌具有良好的背书效果，普通用户往往会追随这些KOL关注品牌。这些影响者自身具有影响力，他们的追随者热衷于对他们发布的内容进行评论、转发和点赞。

相比之下，KOC在垂直领域内拥有很大的购买决策影响力，不能被称为意见领袖。他们更像是某一领域的爱好者或普通消费者。闫跃龙（2019）在文章中指出，KOC本身是消费者，他们分享的内容主要基于亲身体验，他们发布的短视频更受消费者的信任；他们与消费者的距离更近，更注重与粉丝的互动，从而与粉丝之间形成了更加信任的关系。段淳林(2019)认为,在中国网民进入存量时代时,KOC是品牌更有效的流量解决方案和营销方式。KOC和KOL在同一垂直领域中运营,虽然两者在渠道平台、用户关系和传播内容等方面存在较大差异,但两者可以相互转化。

KOL和KOC都属于品牌营销范畴的概念。KOL位于金字塔的顶端,可以快速建立品牌和产品的知名度,引爆市场,迅速吸引关注;KOC更多地被视为渠道,具备实现"一键下单"的能力。刘畅(2020)通过多个维度对比了KOL和KOC的区别,并总结道:KOL的本质是媒体,KOC的本质是渠道。媒体的属性是广泛传播,而渠道的属性则是实现交易。徐海潮和吴联仁(2021)从传播渠道、传播内容和传播方式三个角度对比分析了KOL和KOC,并得出结论:在社交媒体营销中,两者相互促进、相辅相成,不存在高下优劣的区别。

根据百度百科的定义,KOL是指那些拥有更多、更准确的产品信息,并被相关群体接受或信任,对该群体的购买行为有较大影响力的人。他们通常是某个领域内的权威人士,具备独特的人格特质和内容特点。典型的KOL特征包括持续参与、强大的人际沟通能力和开放的思维方式。由于他们的专业性和权威性,KOL在信息传播中容易被认可和辨别。KOL与KOC具有不同的特点。KOL经常与品牌方合作,制作精美的营销素材,并通过社交媒体平台广泛传播。他们利用拍摄短视频、短剧等形式来为品牌宣传产品,提高品牌知名度和美誉度。由于KOL拥有大量的粉丝,他们能够快速将品牌信息传递给自己的粉丝群体,在短时间内引起轰动效应。KOC的粉丝数量可能相对较少,但他们的影响力不容忽视。与KOL相比,KOC在分享发布内容时更注重真实性和与消费者的亲近感。他们的内容通常没有经过商业包装和专业修饰,是基于自身的使用体验进行评论、制作短视频、分享笔记和产品经验评价。一些KOC通过直播等多种方式进行分享和传播,呈现出丰富的内容和社交互动特性。

KOC的主要吸引力在于其真实性。他们在小红书、抖音、微博等社交媒体平台上分享的内容经常经过精心修饰,而在微信、知乎等平台上则更多地展示消费者自发、真实且粗糙的内容分享。尽管KOC的发展过程中存在一些不确定因素,但他们的真实性和与消费者的亲近感使其在购买决策中具有一定的影响力。KOL更注重专业性和权威性。虽然他们的成功过程也存在不确定性因素,但通过多频道网络(multi-channel network,MCN)专业机构的包装和系统规划,KOL形成了有序的商业化模式和稳定的营销策略。针对KOL已经有成熟的评估维度,包括内容质量、粉丝数量、互动水平、收益、健康指数和运营效率等,这使KOL在社交媒体平台上具有广泛的影响力和认可度。KOC和KOL之间的业态区别,整理如表3-1所示。

表3-1 KOL和KOC业态情况对比

项目	KOL	KOC
特点	MCN机构统一管理,粉丝多,发布内容由专业团队包装	数量相对较多,分布广泛,甄别困难,管理困难,发布内容不受控制

(续表)

项　　目	KOL	KOC
评估维度	内容质量、粉丝数量、互动水平、收益、健康指数、运营效率	发布内容、发布平台、发布篇数、互动数、有效评论数
运营主导	MCN机构主导：社交媒体平台账号规划、内容策划、选题把控、内容传播、粉丝管理、矩阵规划	KOC本人主导：发布内容优化、发布平台选择、矩阵管理
营销价值评估	成熟	探索中
传播方式	以社交媒体平台为主，辅以品牌线下活动	以社交媒体平台为主

我与数字营销执行层人士的讨论表明，KOC与KOL之间的主要区别包括：KOC属于消费者群体，与消费者的互动性强，品牌付费较少，但对消费者购买决策的影响较大。KOL的数量较少，与消费者的互动性较低，品牌通常会全额付费，但对消费者购买决策的影响相对较弱。KOC和KOL的影响力来源有所不同。KOL通过其专业性和权威性在信息传播中起到关键作用，而KOC则凭借其真实性和与消费者的亲近感在购买决策过程中具有重要意义。

在分享内容方面，KOC和KOL的区别整理如图3-1、图3-2所示。

从影响力的角度来看，KOL具有更广泛的影响力，能够影响更多的人，但实际购买者的比例相对较小。KOC的影响范围较

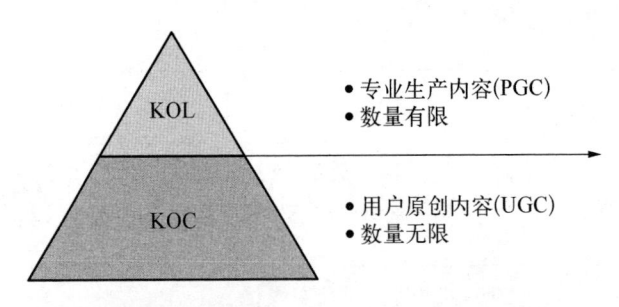

```
        KOL          • 专业生产内容(PGC)
                     • 数量有限

        KOC          • 用户原创内容(UGC)
                     • 数量无限
```

图 3-1　KOC 与 KOL 传播内容的区别

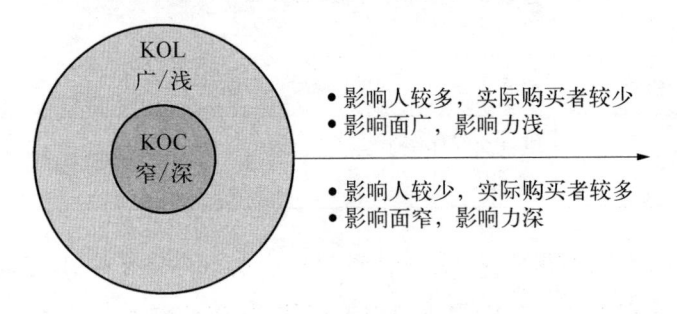

```
    KOL
    广/浅         • 影响人较多，实际购买者较少
                  • 影响面广，影响力浅
     KOC
     窄/深
                  • 影响人较少，实际购买者较多
                  • 影响面窄，影响力深
```

图 3-2　KOC 与 KOL 影响力的区别

小，但实际购买者的比例更大，这表明其影响力更为集中和有效。这是由于 KOL 发布的内容是经过 MCN 机构或品牌方精心包装的专业生产内容(PGC)，而 KOC 发布的内容则属于用户/消费者生成内容(UGC)，更加真实可信。KOL 的内容需要经过专业团队的包装，数量有限；而 KOC 则无须专业团队参与，人人都可以成为 KOC，数量是无限的。从对目标消费者的影响来看，KOL 拥有较多的粉丝，影响范围会比较广；KOC 的粉丝数量较少，个体的影响范围相对较窄。KOC 发布的内容更加真实可信，对目标消费者的影响更深入。

此外，KOC主要通过购买评论、短视频、分享笔记、产品经验测评、经验长文、直播等形式进行分享传播。这些传播方式以真实使用感受为出发点，为其他消费者提供身临其境的体验。这种传播真实感受的方式更容易吸引其他消费者的关注，影响其购买决策。与之不同的是，传统的KOL更多地采用讲故事的方式，站在推荐者的角度进行传播。KOC和KOL传播角度的不同会影响传播效果。KOC的内容是关于"我使用了这款产品之后的体验是如何的"，而传统的KOL则会介绍"某品牌何时推出了什么产品，以及具备哪些功能"。KOL和KOC的传播方式的区别整理如表3-2所示。

表3-2 KOC与KOL传播方式的区别

	KOC(使用者)	KOL(推荐者)
传播内容	真实使用感受	讲故事，商业推广
传播方式	购买评论、短视频、分享笔记、产品经验测评、经验长文、直播	通过社交媒体发布简短的产品介绍和推荐信息、分享短视频、进行直播
传播效果	对消费者购买决策影响力深	对消费者购买决策影响力浅

第四章

KOC 背后的力量：社交媒体平台

为什么社交媒体平台对品牌而言很重要？

在数字化时代，社交媒体平台深深融入人们的日常生活。根据 We Are Social 和 Hootsuite 联合发布的《数字化 2024：全球概览报告》，过去十年间社交媒体用户数量显著增长。截至 2024 年 1 月，全球社交媒体用户数已达到惊人的 50.4 亿人，较 2023 年增加了 2.66 亿人，年增长率为 5.6%。相较于 2014 年的 18.6 亿人，增长了约 1.71 倍。这意味着过去十年中，社交媒体用户的复合年增长率高达约 10.48%，其中，值得一提的是 2021 年全球有 4.24 亿新用户加入社交媒体大家庭，相当于平均每天新增超过 100 万用户，或者每秒新增约 13.5 个用户。到 2024 年，社交媒体用户将占世界总人口的 62.3%。预计在未来几年中，这个增长率可能会进一步趋于稳定。考虑到全球互联网普及率的不断提高以及新兴市场的潜力，社交媒体的整体覆盖潜力仍然巨大。

根据 Global Web Index 最新的数据，Instagram 已经超过

Facebook,成为全球第二受欢迎的社交媒体平台。根据最近的统计,全球互联网用户中有 14.8% 表示 Instagram 是他们最喜欢的平台,相比之下,有 14.5% 的互联网用户选择 Facebook。此外,WhatsApp 在全球排名中仍保持领先地位,有 15.7% 的互联网用户将 WhatsApp 选为他们最喜欢的社交媒体平台。根据 AppAnnie 的报告,TikTok 在 2021 年成为下载量最大的移动应用,显示出短视频等新型社交媒体平台的迅速崛起和市场影响力。

在中国市场,微信无疑是最大的赢家,拥有庞大的用户基础。2023 年发布的 Q3 财报显示,微信 + WeChat(国外版微信)总体每月活跃用户数是 13.36 亿,排名中国社交媒体平台第一。视频号每月活跃用户数超过 8 亿,排名第二。抖音每月活跃用户数 7.16 亿,排名第三,快手每月活跃用户数为 6.73 亿,微博每月活跃用户数为 6.05 亿,Bilibili(B 站)每月活跃用户数为 3.41 亿,小红书每月活跃用户数为 2.6 亿,知乎每月活跃用户数为 1.11 亿。

社交媒体平台对品牌而言的重要性主要体现在以下几个方面:(1)社交媒体平台拥有庞大的用户群体,这为品牌提供了与更多潜在客户接触的机会。品牌可以通过在社交媒体平台上发布内容、进行互动和广告投放等方式,提高品牌知名度和曝光率。(2)社交媒体平台提供了丰富的用户数据和洞察力,有助于品牌深入了解消费者的需求和行为。通过对这些数据进行分析,品牌可以制定更精准的营销策略,提高营销效果。(3)社交媒体平台具有强大的互动性和传播力,品牌可以与消费者建立更紧密的联系,增强消费者对品牌的认知和忠诚度。(4)社交媒体平台上的用户生成内容和口碑传播也为品牌带来巨大的营销价值。

网络环境的优化、智能设备的广泛普及,以及都市人群生活节奏的加快,为社交媒体平台的崛起和迅速发展提供了有力支持。这些平台的便捷阅读和分享特性进一步加深了人们对它们的依赖和喜爱。随着消费升级趋势和消费者需求的不断演变,社交媒体平台已经从一个简单的信息交流工具转变为品牌与消费者之间重要的沟通桥梁。以国外为例,许多品牌在Facebook上开设账号,充分利用该社交媒体平台的网络优势来策划和执行营销策略。他们通常发布与品牌和产品相关的内容,以提高品牌知名度,根据用户在社交媒体平台上的活跃时间来安排内容发布。品牌的社交媒体运营团队还会积极与粉丝互动,在评论区提供更个性化的体验。虽然品牌可以免费利用这种方法,但如果他们希望更精确的触达目标用户,就需要向Facebook支付一定的广告费用。快速消费品和耐用消费品制造商,如汽车制造商,也加入了成为Facebook付费用户的行列。此外,他们还利用Facebook的签到(check-in)功能向消费者提供优惠券和促销产品。根据网络上相关报道:"最畅销的产品通常具有趣味性、轻便性和现代感。在Facebook上,你可以找到化妆品、时尚、休闲用品甚至食品的最新潮流。Facebook上的购物者通常是冲动购买者,因此吸引人的图片素材尤为重要。在与粉丝互动和产品推广过程中,真诚和私密性的展示也是必要的。"

如今,品牌面临着如何更快地让目标消费者发现自己产品的挑战,而消费者则期望有更便捷的方式来寻找他们喜欢和想购买的产品及相关信息。在这种背景下,品牌不仅可以利用社交媒体平台的社交网络属性来建立和维护自身形象和口碑,还可以通过各种创新社会化媒体营销方式与消费者实时互动。通过有针对性地向目标消费者推送产品信息，品牌可以实现高效的"一键下单"销售。

社交媒体平台是一个容易传播信息的场所，也是一个充满惊喜和创造力的平台。在这里，用户可以自由表达并分享他们的生活、工作和感受，也有一些人在平台上进行产品销售或推广。这些人大多通过产品推荐、分享真实的使用感受和图片来吸引其他用户的关注和购买。为了有效管理这些创造惊喜的消费者和他们的生意，一些大型科技公司成立了"社交媒体监测"（social listening）部门。这些部门利用互联网专用工具监测他们自家产品和竞争对手的关键词和新闻，并在社交媒体平台的留言区积极引导讨论，以确保品牌在社交媒体上的声誉和形象得到维护。

社交媒体平台是连接人际关系的中心

在当今社会，随着人们对即时交流和获取信息的需求不断增长，社交媒体平台获得了更多的发展机遇。在这个全球化、充满变革的乌卡（VUCA）[①]时代，人们对于一个能够促进交流、学习、表达和分享的平台的需求更加迫切，社交媒体平台恰好满足了这种需求。

现在，社交媒体平台成为用户分享、交流和快速获取信息的

---

① VUCA 是 volatile, uncertain, complex, ambiguous 的缩写。四个单词分别是易变不稳定、不确定、复杂和模糊的意思。乌卡时代是一个具有现代概念的词，是指我们正处于一个易变性、不确定性、复杂性、模糊性的世界。

重要场所,也是品牌进行产品推广的关键营销平台。不论是用户的意识形态展示,还是品牌的推广活动,社交媒体平台都扮演着连接人际关系的中心角色,成为消费者与消费者、消费者与品牌之间建立和发展关系的核心场所。

社交媒体平台与消费者之间的关系可以被形容为"连接一切"。在谈到"连接一切"时,不妨提及"六度人脉"的概念。"六度人脉"是美国心理学家斯坦利·米尔格拉姆(Stanley Milgram)[①]在20世纪60年代提出的社会学概念,也被称为六度分隔理论或小世界现象。该理论认为,全球范围内的任何两个人之间可以通过不超过六层的熟人关系链联系起来,即使他们彼此可能并不认识。换句话说,最多通过六个人,你就能够认识任何一个陌生人。这个理论强调了人际关系网络的广泛性和连通性,表明人与人之间的联系是紧密而复杂的。这个理论也被广泛应用于社交网络、市场营销和招聘等领域。以 Facebook 为例,创始人扎克伯格(Mark Zuckerberg)在创建 Facebook 时受到了六度人脉理论的启发,Facebook 也成了全球领先的社交媒体平台。

在 2014 年腾讯的全球合作伙伴大会上,马化腾在其公开信中强调了"连接一切"的重要性,指出互联网的核心是满足用户需求的连接,而腾讯的使命就是成为这样的互联网连接器。这个观点突出了社交媒体与传统媒体在连接消费者方式上的根本差异。传统媒体主要提供内容供用户消费,而社交媒体则通过"连接一

---

① 斯坦利·米尔格拉姆(1933 年 8 月 15 日—1984 年 12 月 20 日),美国社会心理学家,曾在耶鲁大学、哈佛大学和纽约市立大学工作。在哈佛大学时曾进行"小世界实验",该实验启发他提出六度分隔理论。

切"的方式实现了信息、关系、产品和平台的互联互通。这种连接不仅涉及信息传递,还涉及通信渠道和联结方式的建立,它对社交媒体的生存和发展产生着深远影响。连接可以被视为移动社交网络成功的关键因素,也是PC网络在办公人群中取得成功的关键。举个例子,在一个简单的营销会议沟通场景中,当与客户讨论如何找到适合的人进行营销时,一位客户的高管提出了一个具有挑战性的问题:"如何将从营销中找到的合适人选与适当的产品应用场景相匹配,并通过这种场景的应用将这些人连接起来,促使他们购买产品?"这实际上强调了连接的重要性,不仅要找到目标消费者,还要通过适当的方式与他们建立联系,引导他们进行购买。

社交媒体平台是一个创新和自由的空间

每个人都渴望跳脱日常的平庸,创造属于自己的惊喜和好奇。作为一个充满创新和自由的空间,社交媒体平台让人们感受到更容易被理解和接纳。在这个平台上,来自不同背景的人们相互融合,聚集在具有特定意识形态和价值观的群体中。数字营销专家深知社交媒体平台的力量:只要消费者表现出参与兴趣,他们就更有可能倾听品牌的故事。这也引发了一种新的趋势,即品牌营销和用户沟通逐渐渗透到社交媒体平台中。如今的社交媒体平台早已不再是简单的信息发布和用户聚集的场所,而是品牌商业化的空间和推广场所。传统的硬广告逐渐被社会化媒体营销所取代,社会化媒体营销采用更真实、更贴近消费者的内容。

无论是在朋友圈广泛转发的图文并茂的文章,还是触动用户热情的 5—30 秒短视频,都有可能成为品牌进行社会化媒体营销的手段。

社交媒体平台最初的目的是为用户提供一个快捷、便利和实时的观察和参与的基础设施。从好奇地浏览到参与信息发布和评论,用户的参与和聚集吸引了品牌的注意。品牌利用各种手段吸引用户的注意和兴趣,其最终目的是引导消费者进行购买。然而,认为社交媒体平台仅仅是品牌产品展示的舞台是片面的。该平台还提供了其他机会,尤其是随着新技术不断更新迭代,推动新营销工具的应用。

社交媒体平台还成为传统商业的风向标。以美团外卖为例,通过精确定位信息,向上班族或不愿意自己做饭的人群推送周边餐厅的服务,提供了快捷的"28 分钟送到家"服务,帮助上班族节省了大量时间。当用户在家享受美食时,他可能会在社交媒体平台上分享自己的体验,向朋友推荐餐厅和其他喜欢的产品。这样的行为虽然看似只是用户的自我娱乐,但实际上,在社交媒体平台上的传播可能吸引成百上千甚至更多人的关注、点赞和转发。这不仅扩大了品牌的影响力,还帮助品牌建立了良好的声誉,更重要的是,它实现了消费者对消费者购买行为的影响效果。

在这个背景下,社交媒体平台成为商业竞争的焦点。品牌愿意向社交媒体平台支付费用,以确保他们的产品能够在竞争对手之前被网上用户看到。搜索媒体关键词的购买、点赞、转发和评论等功能的实现,充分展示了社交媒体平台在现代世界中的重要作用。现在,人们已经可以通过社交媒体平台和电商平台寻找和购买全球任何地区的商品,跨境购物如跨境美食、代购等变得越来越普遍。同时,我们也通过社交媒体平台关注全球时事,这些时事可能成为我们生活中的指南。有些人甚至通过社交媒体平台发布想法后,从陌生网友的评论中获得灵感和启发,并做出重要决策。例如,埃隆·马斯克(Elon Musk)是推特(Twitter)的"忠实"用户,截至2023年7月,他在推特上有1.49亿的粉丝,是推特上关注人数最多的账号,成为推特上的"超级影响者"。他在社交媒体平台上的每一个举动和言论都吸引着大量网友的关注。埃隆·马斯克在推特上询问"是否需要一个新的平台?"不到一周之后,他根据网友"那您只要买下推特"(如图4-1所示)的建议收购了推特的大量股份,引发了社交媒体平台的热议和股价暴涨。如今,埃隆·马斯克通过持有9.2%的股份成为推特的最大单一股东,这无疑是他商业帝国中的又一块重要"版图"。

图4-1 埃隆·马斯克在推特上询问"是否需要一个新的平台?"

社交媒体平台是提升个人技能的工具

利用社交媒体平台提升技能已经成为现代生活的趋势。随着社交媒体的普及和影响力的扩大,越来越多的人认识到,除了娱乐和社交之外，社交媒体平台还可以成为提升个人技能和知识的重要工具。社交媒体平台提供了丰富多样的学习资源。通过关注行业专家、意见领袖和知名人士，我们可以获取他们分享的专业知识和经验。社交媒体平台上的互动和讨论有助于拓展我们的思维和视野。通过参与社交媒体上的话题讨论、加入专业社群或参与在线课程，我们可以与来自世界各地的人进行交流和互动。这种跨文化的交流不仅可以拓宽我们的思维，还可以让我们从不同的角度看待问题。社交媒体平台为我们提供了展示个人才能和技能的机会。通过发布自己的作品、分享个人经验和参与社交活动，我们可以增加曝光度，结交志同道合的人，并吸引专业导师或潜在雇主的关注和认可。这种展示和互动的机会有助于提升我们的自信心和表达能力，为个人的职业发展和人生成功打下基础。在社交媒体平台上冲浪也是一个不断学习和成长的过程。通过使用不同的社交媒体工具、参与挑战和探索新功能，我们可以不断提升自己的数字素养和技术能力。这些技能在当今数字化的社会中变得越来越重要，有助于我们更好地适应未来的职场和生活所需。

　　除了提升个人技能，对于大多数用户来说，社交媒体平台也成为生活中不可或缺的一部分。人们通过社交媒体平台与家人、朋友保持联系，并借助大数据跟踪功能，时刻了解彼此的动态。社交媒体平台上的互动形式多种多样。例如，微信主要是一个熟人社交平台，人们在这里分享工作、学习、美食健康、旅游娱乐等方面的信息，积极展示自己的生活，构建个人形象。微博则是一个陌生人社交平台，人们在这里发泄情绪、寻求帮助、分享信息，吸引更多粉丝关注。

社交媒体平台是生产者和消费者的合作平台

如今的社交媒体平台上,每个消费者都有可能成为"营销专家"。品牌将他们的文化和产品以社交媒体为基石,让消费者参与创造和传播营销活动。这样的转变让消费者有更多机会表达自我,定义自己在社会中的角色:"我是谁?我应该是谁?"这也让品牌能够更深入地了解消费者的需求和偏好,从而构建更符合消费者价值观的品牌价值体系。这并不意味着品牌可以随意利用社交媒体平台向消费者推送信息。相反,品牌需要更加谨慎和策略性使用社交媒体平台。因为消费者已经对传统的广告和营销活动感到厌倦,他们需要真实、有价值的内容,而不是强行的推销。品牌需要利用社交媒体平台与消费者建立真实的联系,倾听他们的声音,并及时作出反馈。

在中国,社交媒体平台的发展尤为迅速和多样化。从 20 世纪 70 年代后期的 BBS(bulletin board system)到 2000 年之前的 OICQ(即现在的 QQ),到现在的微博、微信、抖音等,这些平台为消费者提供了表达自我、分享经验和建立联系的空间,也使得中国的消费者变得更加成熟和多元化。他们不再盲目追求品牌和产品,而是更注重产品的品质和与自己价值观的契合。因此,社交媒体营销人员不仅需要提供精准的营销策略,还需要建立真实的用户沟通途径,让消费者感受到品牌的真诚和价值。同时,我们也需要意识到社交媒体平台上的信息在很大程度上影响消费者的购买决策。特别是对于那些与互联网一同成长的年轻消费者来说,他们更善于通过社交媒体表达自我、追求个性化和价值消费。所以,品牌在传递信息时需要格外谨慎,确保信息的真实性和价值性。

在社交媒体平台盛行的背景下,品牌推广方式发生了巨大变革。特别是在中国,以小红书为代表的内容分享平台通过简单、真实和直接的沟通方式,已经脱颖而出。这些社交媒体平台为消费者和品牌创造了互动的空间,使双方能够建立牢固的联系。品牌需要明确传达一个观念给消费者:每个消费者不仅是产品或服务的终端用户,更是品牌建设的合作伙伴和推广大使。如今,品牌可以在这样的信息环境中传达核心价值观,推广产品和服务,并将消费者置于传播策略的核心。对于与品牌进行深度互动和分享产品经验的消费者来说,这种顺畅愉悦的交流成为全新的社交媒体营销体验。他们可能因品牌在社交媒体平台上举办的活动或产品试用而获得难忘体验,随后有意识或无意识地成为品牌的代言人,在社交媒体平台上推荐产品并形成口碑传播效应。实际上,社交媒体营销已成为当今最成功的数字营销策略之一。它利用我们日常生活中熟悉的社交媒体平台来推广品牌和产品,与消费者建立联系,并通过各种活动和促销策略吸引他们参与。这种营销策略让消费者感到舒适,愿意成为品牌的传播者,在整个传播过程中发挥他们的影响力和创造力。

历史上生产者和消费者的概念在 20 世纪 70 年代的美国就已经出现,但在当时的社会背景下,这两者基本上是独立的。随着社交媒体平台的兴起,生产者和消费者之间的关系发生了很大的变化。他们不再是孤立的个体,而是建立了紧密的合作关系。特别是在社交媒体平台上,这种合作关系变得更加明显,消费者的角色也变得越来越重要。他们不再是被动的信息接收者,而是积极参与并传播自己喜欢的品牌和产品。

当今,生产者和消费者之间建立起一种新型的合作关系,尤其是在社交媒体平台上,这种关系更加紧密。这种变化因社交媒体平台的不断发展和创新而成为可能,这些平台为消费者提供了更多参与和互动的机会。消费者在社交媒体平台上的活跃度不断提升,他们对所喜爱的品牌和产品有更深入的了解和认识,愿意主动分享和传播相关信息。这种创造力使消费者在整个营销传播过程中扮演了更重要的角色。这也意味着品牌需要更加小心谨慎地处理与消费者的关系,一旦出现问题,可能引发一系列连锁反应,甚至导致危机公关的局面。

社交媒体平台不仅是用户随时随地发布和分享信息的场所,也是品牌进行产品发布和推广的重要渠道。以国外为例,许多品牌在Facebook上开设账号,充分利用该社交媒体平台的网络优势来策划和执行营销策略。他们通常发布与品牌和产品相关的内容,以提高品牌知名度,并根据用户在社交媒体平台上的活跃时间来安排内容发布。品牌的社交媒体运营团队还会积极与粉丝互动,在评论区提供更个性化的体验。虽然品牌可以免费利用这种方法,但如果他们希望更精确地触达目标用户并控制成本,就需要向Facebook支付一定的广告费用。快速消费品和耐用消费品制造商,如汽车制造商,也加入了成为Facebook付费用户的行列。此外,他们还利用Facebook的签到功能向消费者提供优惠券和促销产品。根据网络上相关报道:"最畅销的产品通常具有趣味性、轻便性和现代感。在 Facebook 上,你可以找到化妆品、时尚、休闲用品甚至食品的最新潮流。Facebook 上的购物者通常是冲动购买者,因此吸引人的图片素材尤为重要。在与粉丝互动和产品推广过程中,真诚和私密性的展示也是必要的。"

中国主流社交媒体平台概览

最近几年里,全球互联网平台的发展格局发生了大的变化,中国互联网平台也在不断演进。从最初的互联网 1.0 时代,即网络作为信息提供者,单向发布信息供人们理解,逐渐发展到互联网 2.0 时代,人们通过互联网平台进行沟通和互动。之后,我们迈入了互联网 3.0 时代,互联网成为满足用户需求的信息提供者。在移动互联网时代的背景下,智能手机的广泛普及使网络对消费者的理解更深入,能够洞察他们的兴趣、关注点和需求。通过先进的技术算法,互联网能够根据对消费者的深度理解进行资源筛选、匹配和主动推送,直接呈现最符合消费者需求的信息。因此,当前业内人士所称的互联网 4.0 时代已经到来。

在这个时代,社交媒体平台由于其便捷的阅读方式和有趣的内容已成为最重要的互联网平台之一。在国外,主流的社交媒体平台包括 Facebook、Twitter、Instagram、YouTube、LinkedIn 和 TikTok 等。在中国,主流的社交媒体平台包括 Bilibili(B 站)、微博、微信、快手、小红书、抖音、视频号和知乎等。这些国内主流社交媒体平台各自具备独特的特色和属性。根据表 4-1 整理的各平台的财务报表和其他公开信息,我们可以对这些平台的发展趋势和特点进行对比和分析,从而更好地理解社交媒体在当今互联网格局中的重要地位和作用。

表 4-1 中国主流社交媒体平台一览

平台名称	成立时间	阅读方式	品牌口号	月活用户(亿)	介绍
Bilibili（B站）	2009年6月	图片、视频	您感兴趣的视频都在B站	3.41	动漫社区中的排名第一
微博	2009年11月	文字、图片、视频	随时随地,发现新鲜事	6.05	广场式社交媒体平台排名第一
微信	2011年1月	文字、图片、视频、语音	微信,是一种生活方式	13.36	社交软件和即时通信服务中排名第一
快手	2011年3月	图片、视频	拥抱每一种生活	6.73	短视频社交媒体平台排名第二
小红书	2013年6月	文字、图片、视频	标记我的生活	2.6	生活方式内容平台中排名第一
抖音	2016年9月	图片、视频	记录美好生活	7.16	短视频社交媒体平台排名第一
视频号	2020年1月	图片、视频	记录真实生活	超过8	视频内容平台排名前三
知乎	2011年1月	文字、图片、视频	有问题,就会有答案	1.11	国内问答式在线社区中排第一

注:数据来自财报等网络公开信息,截至2023年9月30日。

中国越来越多的社交媒体平台与电商相结合,使用户能够通过"一键下单"实现便捷购物体验,即用户只需点击一次鼠标或触摸一次手机屏幕,即可直接完成下订单操作。用户在使用这一功能时,通常会预先填写和保存自己的收货地址、支付方式等信息,在下单时无须重复填写这些信息,实现了快速下单的目的。中国社交媒体的引领作用也影响到了西方社交媒体。Instagram 推出的 Checkout 功能本质上也是将社交媒体和电商购物相结合。

Bilibili(B 站) 是一个聚集了中国年轻一代,尤其是"90 后"和"00 后"用户的文化社区和视频平台。它起初是一个动漫内容创作和分享的视频网站,经过十多年的发展,B 站已经建立了一个丰富而优质的生态系统,围绕用户、创作者和内容。B 站的用户主要可分为三类:UP 主,即视频和直播创作者;消费者,他们观看视频并积极参与讨论,发表自己的意见和建议;追番者[①],这些用户专注于在 B 站上追逐和观看日本动画连续剧,并与其他爱好者互动和讨论,参与相关的社区活动。作为动漫领域的领先社区,B 站以其优质的内容和活跃的社区氛围吸引了大量用户。借助这个强大的社区生态,B 站成功拓展了多元化的盈利模式。根据最新数据,B 站的主要盈利模式包括游戏业务、增值业务、广告业务和电商业务。游戏业务是其最大的收入来源,约占总收入的 40%,其中移动游戏业务通过独家代理和联合运营实现收入。

---

① 追番者是一个特定于动画领域的词,用于描述那些热衷于追踪和观看日本动画连续剧的爱好者。这种行为不仅涉及动画的观看,还包括与其他爱好者的互动和讨论,以及参与相关的社区活动。

增值服务占比为32%,包括直播、大会员和其他VAS项目[1],如转播权和手办[2]。广告业务占据15%的份额,涵盖品牌广告和效果广告。电商业务占据剩余的13%,主要通过电商平台和线下活动实现盈利。

微博是一个广播式社交媒体和网络平台,通过关注机制实现简短实时信息的分享。用户可以在微博上以文字、图片和视频的形式分享所见所闻所感,并进行实时直播。微博允许每个人发表自己的声音,并寻找和关注与自己观念相符的人,通过点赞、评论和转发等方式进行互动。微博的互动模式与国外知名应用Twitter相似。许多明星和品牌选择微博作为重要的信息发布、传播和营销平台。微博的核心竞争力在于热点话题的聚合和强大的社交功能。广告收入是微博主要的盈利来源,占比高达89%,主要来自品牌广告和效果广告。在2021年,微博着重优化了视频推荐流的质量和内容分发能力,强化了微博视频号的功

---

[1] VAS是"visual analogue scale"(视觉模拟量表)的简称,是用于测量评估疼痛强度的单维度工具。这个量表主要由一条100毫米的直线组成,一端表示"完全无痛",另一端表示"能够想象到的最剧烈的疼痛"。患者在这条直线上标记出他们感受到的疼痛程度。VAS评分具有准确、简便易行、灵敏度高等特点,在临床上和科研工作中被广泛使用。VAS的一大优势是其数值是连续变化的,可以更好地反映出疼痛的细微变化。VAS需要患者有一定的抽象思维能力,因此主要适用于成人患者。对于儿童或有智力问题的老年患者,可以考虑使用带有卡通表情的脸谱VAS,以使评分更直观、更形象。
[2] 手办指的是收藏模型的一种,也指日本动漫周边中的一种,特指未上色组装的模型套件,需要玩家自己动手打磨、拼装、上色等一系列复杂的工艺,而且难度远大于一般模型制作,主要材料为树脂。后来,手办也指所有树脂材质的人形作品。

能,并提升了超话①板块和直播多场景连麦的用户体验。2022年,微博进一步推动"品效广告+内容运营"的战略,以增强广告业务的竞争力。为了保持基于热点和IP的讨论热度,微博将持续增加对热点和社交相关产品运营的投入,并深化与媒体、文娱、游戏、体育等行业的战略合作关系。

微信是一款提供免费即时通信服务的应用程序,适用于智能终端。它支持跨通信运营商和操作系统平台,用户可以通过网络快速发送免费的语音信息、视频、图片和文字。微信提供公众平台、朋友圈和消息推送等功能,方便用户通过"摇一摇""搜索号码""附近的人""扫二维码"等方式添加好友和关注公众平台。此外,微信还允许用户与好友和朋友圈分享内容。微信不仅仅具有通信功能,还提供线上支付和转账等实用功能。微信的核心竞争优势在于庞大的用户基础和强大的用户与用户、企业与消费者之间的关系。根据最新数据,微信的收入构成中,增值服务收入占比最大,达到53%;其次是金融科技及企业服务收入,占比为30%;网络广告收入占比为16%;其他收入占比为1%。微信的主要盈利模式包括广告业务、第三方软件的服务费用、支付业务以及其他多元化收入渠道。

快手是一款中国原创的视频创作平台,类似于YouTube和

---

① 超话是"超级话题"的简称,是新浪微博推出的一项功能。拥有共同兴趣的人可以在超话中形成一个圈子,这些圈子大多以明星偶像为主,但在微博这种环境下,粉丝可以与明星偶像进行沟通。超话是基于某个可持续讨论主题的兴趣社区,只有在超级话题页面发布的内容,才会显示在超级话题社区页面内,发布的同时也可以勾选是否要将发布的微博同步到自己的微博里,以让自己的粉丝看到发布的内容。超话的作用就是形成一个兴趣圈,将拥有共同爱好的人汇聚在一起。

抖音，为用户提供了一个自由上传和浏览视频的空间，方便分享生活和工作的细节。快手上的视频通常控制在 2 分钟以内。快手最初于 2011 年 3 月成立时主要以制作 GIF 图片为主，在 2013 年 10 月成功转型为一个短视频社区，涵盖了搞笑、才艺展示、技能、宠物、热点和体育等多种类型的视频内容。快手的产品设计采用了双列点击①和去中心化分发的策略，并赋予了强大的社交属性。快手核心用户是关注美女帅哥、游戏搞笑类内容的用户群体。从地域分布上看，快手用户主要分布在二、三、四线城市和小镇青年中，年龄层主要集中在 20—40 岁之间。快手的盈利模式主要是，商业化收入占比 53.2%，直播收入占比 37.7%，其他服务收入占比 9.1%（其中包括电商业务）。快手的广告形式多样，包括快手广告（以信息流广告为主，兼具公域和私域流量广告）、快手联盟、粉条和磁力聚星等。2021 年，快手在信任电商、品牌和服务商三个领域取得了突破性业绩。

小红书是一个专注于年轻生活方式的分享平台，用户可以通过文字、图片和视频等形式记录和分享自己的生活体验。该平台的特点是强调真实的生活分享，每个分享者都需要具备丰富的生活和消费经验，以确保内容的质量和价值。因此，小红书可以被称为一个生活方式分享平台和消费决策的参考入口。与其他社

---

① 双列点击是快手的一种内容呈现和交互方式。快手在内容呈现上采用了双列排列的方式，用户可以在一个屏幕上看到更多的内容，这给了用户更广阔的选择。用户可以主动选择自己感兴趣的内容点击查看，之后再退出双列界面。这种设计增强了用户的选择权，提高了容错率，使得用户可以更自由地发掘和选择自己感兴趣的内容。

区的不同之处在于,小红书的内容都源于用户的真实生活体验。根据 2022 年的数据显示,小红书上的美食、美妆和娱乐类内容占据主导地位。其用户主要集中在一、二线城市,占比高达 90%。具体而言,18—30 岁的年轻人群是其主要用户,占比高达 69%,且女性用户占据大多数。这使得小红书成为一个高价值、高影响力和高活跃度的用户群体聚集地。小红书的主要盈利模式包括广告业务、电商和增值业务(如企业号营销)。特别是在 2022 年,小红书对其电商业务进行了战略调整,将社区与电商板块合并,形成了一个新的社区板块。这一调整的目的是加强社区到电商的转化路径,进一步融合电商和社区业务,吸引更多的用户流量并拓展商业化变现途径。小红书是近年来中国互联网用户了解和探索新产品非常流行的社交媒体平台。它倡导用户"标记我的生活",是提供生活方式内容的社交媒体平台。小红书是一个分享"种草"和消费决策入口的平台,平台上用户发布的内容都来自真实的生活。用户需要具备消费经验和生活体验才能在小红书上分享内容并吸引其他用户关注。小红书上的用户主要分享美妆、美食和娱乐类笔记,这些内容构成了平台的主体内容。

抖音是中国本土的短视频创作平台,类似于 YouTube,允许用户上传和浏览视频内容,大部分视频时长控制在 2 分钟以内。该平台于 2016 年 9 月上线,最初专注于垂直音乐领域的短视频创作,为喜爱音乐的年轻人提供自由发挥的平台,让他们创作和分享音乐短视频。随着用户数量的增长,抖音逐渐扩大了创作领域,涵盖了搞笑、才艺展示、技能、宠物、热点和体育等多种类型的视频内容。抖音的产品设计采用了单列下滑①和中心化分发的策略,具有强烈的媒体属性。从用户受众的角度来看,抖音的核心用户群主要关注美女帅哥、美食和音乐类内容;用户主要分布在一、二、三线城市,年龄层主要集中在 18 至 34 岁之间。抖音的主要盈利模式由广告和电商两部分构成。广告收入占比达到 75%,2021 年全年的电商收入则达到了 700 亿—800 亿元人民币,全年 GMV② 为 7 000 亿—8 000 亿元人民币。抖音的广告形式多样,包括开屏广告、单列信息流广告、TopView 超级首位、抖音挑战赛、DOU+、贴纸广告等。抖音还在不断探索和创新盈利模式,以满足广告主的多样化需求,提升用户体验和商业价值。通过不断优化算法和推荐系统,抖音致力于为用户提供更丰富、更有趣的内容,同时为广告主提供更精准、更有效的广告投放方式。

视频号是一个与微信公众号和个人微信号平行的视频内容平台,与抖音和快手是主要的竞争对手。与这些平台最大的不同在于,视频号充分利用了微信生态内的强大社交关系和用户信任

---

① 单列下滑指的是抖音上的用户在浏览抖音内容时,视频内容以单列的形式呈现,并且用户可以通过下滑屏幕来切换和浏览不同的视频内容。这是抖音内容展示的一种基本交互方式,允许用户连续、流畅的浏览视频内容。
② GMV 是"gross merchandise volume"的缩写,中文意为"总交易额"或"总销售额"。GMV 通常用于衡量电商平台或在线购物网站上的交易总额,包括所有销售商品的价格、运费、税费等。GMV 是电商行业中的重要指标,可以反映出一个平台或一个商家的销售规模和经营情况。同时,GMV 还可以用于衡量一个行业或市场的规模和发展趋势,对于投资者、分析师等人士也具有重要参考价值。需要注意的是,GMV 虽然不是实际的交易数据,但同样可以作为参考依据,因为只要顾客点击了购买,无论有没有实际购买,都是统计在 GMV 里面的。可以用 GMV 来研究顾客的购买意向、顾客买了之后发生退单的比率,以及 GMV 与实际成交额的比率等。

基础,通过与微信直播、微信小程序、微信支付、微信公众号、微信号等产品的紧密结合,实现了视频内容的高效传播。视频号在2020年1月开始进行了小范围内测。其核心产品逻辑围绕社交和兴趣展开,旨在为用户提供一个内容丰富、交互性强的视频分享环境。2022年,视频号采用了"原子化"的发展思路,将视频号定位为视频内容的载体工具,而非独立的内容运营平台。为了实现更大的价值,视频号需要与其他微信组件进行组合,以产生更丰富和多样的化学反应。通过这种方式,视频号不仅能够为用户提供高质量的视频内容,还能利用微信的社交影响力,为用户打造一个更加互动和有趣的视频分享体验。

知乎是一个聚焦于中文互联网问答和创作者原创内容的社区平台。知乎自2011年1月正式上线以来,一直秉承着"让人们更好的分享知识、经验和见解,找到自己的答案"的使命。截至2021年12月31日,知乎平台上累积了4.9亿条内容,其中包括4.2亿条问答。每月平均有610万付费用户。知乎的用户群体以年轻人为主,30岁以下用户占据绝大多数,来自二线及以下城市的用户占比达到52%,女性用户占47%。知乎的盈利模式主要由四部分构成:线上广告收入占比39.2%,商业内容解决方案收入占比32.9%,付费会员收入占比22.6%,其他收入(主要来自在线教育和电商)占比5.3%。为了进一步促进社区的繁荣和共同发展,知乎将"内容生态"置于首位,旨在吸引和留住更多的高质量内容创作者,激励他们创作更多具有"获得感"的内容。这不仅有助于推动用户数量的高质量和快速增长,还能为品牌和商家提供高质量的规模化商业内容,形成一个正向循环。

第五章
KOC 的魅力：如何影响消费者的购买决策

消费者决策过程解析

过去，许多直接面向消费者的企业将消费者视为企业的重要资产。这些企业以满足消费者需求为导向，在产品研发、生产和资源配置等方面努力实现企业价值的最大化。但在实际操作中，企业很难准确预测和评估消费者未来的行为，这给消费者资产评估带来了挑战。消费者的购买行为受到多种因素的影响，包括个人喜好、购买过程中的愉悦感等，这些因素会影响消费者选择的路径。

在国际学术界，AIDMA 和 AISAS 是两个被广泛认可的消费者行为分析模型。AIDMA 模型是传统媒体时代的经典法则，最早由美国广告学家 E.S.刘易斯（E. st. Elmo Lewis）于 20 世纪初提出。该模型将消费者行为分为引起注意（Attention）、引起兴趣（Interest）、唤起欲望（Desire）、留下记忆（Memory）和购买行动（Action）这五个环节。这个模型对于实体经济时期的线下销售具有重要的指导意义。随着互联网的发展,消费者的购买行为发生了大的变化。进入互联网时代后,电通集团于 2005 年提出了 AISAS 模型,对 AIDMA 模型进行了扩展。根据 AISAS 模型,消费者行为过程包括注意(Attention)、引起兴趣(Interest)、搜索信息(Search)、购买行动(Action)和进行分享(Share)这五个环节。该模型强调了消费者互联网搜索的重要性,并增加了"分享"环节。传统营销模型通常假设消费者在看到电视广告后直接前往线下店铺咨询和购买,而互联网和移动终端的普及改变了这种模式。现在,一部分消费者在看到电视广告后会在网上搜索查询,阅读社交媒体平台上的评论,然后到实体店购买商品;另一部分则更倾向于在互联网上搜索信息,阅读社交媒体平台上的评论和其他消费者的反馈,然后直接在网上下单购买。

KOC 影响消费者购买决策行为模型

2005 年,美国西北大学的唐·E.舒尔茨(Don E. Schultz)教授提出了 SIVA 理论,旨在适应互联网时代下消费者行为的变化。SIVA 理论是一种新的营销理念,强调以消费者为中心,通过与消费者的互动和沟通,关注解决方案(Solution)、信息(Information)、价值(Value)和途径(Access)四个关键要素,以建立互利互惠的联系并创造更大的价值。在互联网时代,消费主权回归消费者,社交媒体平台扮演着影响消费者购买决策的重要角色。SIVA 理论为我们理解 KOC 在社交媒体平台上的影响提供了框架。

首先,KOC 在社交媒体平台上分享个人对产品的体验、使用心得和推荐,为消费者提供了可参考的"解决方案"。其次,KOC的分享内容丰富了消费者的"信息"资源。这些信息涵盖了产品特点、使用技巧、市场价格等,有助于消费者作出更明智的购买决策。再次,KOC的分享往往通过对不同产品使用体验的对比,突显某些产品的独特价值和优势,从而影响消费者的价值判断。最后,KOC还为消费者提供了直接购买的途径。他们的分享通常包含购买链接或购买建议,为消费者提供了购买产品的入口和路径。

根据SIVA理论,消费者的决策行为受到信息获取的影响,而KOC则通过这个环节进入消费者的决策过程。在这个过程中,KOC的来源可靠性是一个核心变量,受到三个因素的影响。(1) KOC与消费者的互动可以增强其来源的可靠性。通过与消费者直接交流,KOC能够传递更真实、贴近消费者的信息,从而提高消费者对KOC的信任度。(2) KOC本身作为消费者,具有更强的可达性。社交媒体平台的便捷性和对KOC的支持使得潜在消费者更容易接触到KOC分享的内容,进而提高其来源的可靠性。(3) KOC作为独立于品牌和潜在消费者的第三方,其立场更客观,这也是其来源可靠性的基础。基于以上分析,我提出以下四个假设:假设1、假设2、假设3、假设4。

假设1:KOC的来源可靠性(Source Credibility)影响消费者购买决策。

来源可靠性属于直接效应。关于来源可靠性对消费者购买决策的影响,一方面的研究关注社交媒体影响者的可信度对消费者感知到的信息可信度的影响(Wang and Chan-Olmsted, 2018;

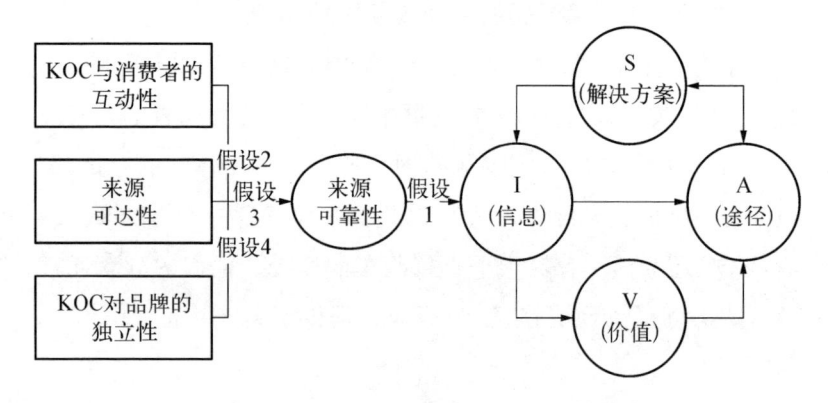

图 5-1 KOC 影响消费者购买决策行为模型

Stoddard，Nafees，and Cook，2019），另一方面的研究则侧重于 KOL 营销模式的不足（周瑶，2022）。研究表明，影响者的可信度会影响消费者对感知信息的可信度，而感知信息的可信度与消费者对品牌的正向态度呈强正相关（Wang and Chan-Olmsted，2018）。来源可信度作为中介变量，与消费者对品牌的态度呈正相关（Stoddard and Nafees，2019；Singh，2021）。现有研究指出，过度营销会导致 KOL 口碑受损，夸大其词的内容会降低 KOL 的可信度，KOL 自身形象的崩塌也会影响品牌的形象价值（周瑶，2022）。在社交媒体时代的发展中，消费者对广告的识别能力不断提高，消费者行为方式、信息传播方式以及建立信任感的方式发生了变化，这些变化逐渐导致 KOL 广告的投资回报率下降（韩震，2021）。闫跃龙（2019）指出，KOC 作为消费者本身，通过分享亲身体验（主要以短视频形式）赢得消费者的信任。根据该作者的观点，在社交媒体平台的环境中，KOC 与消费者更加亲近，建立了更加信任的关系。文献强调了KOC就是朋友,KOC就是真实,KOC就是值得信任的。KOC本身就是消费者、更值得信任、具有良好口碑、能够更好地接触潜在消费者,其提供的信息自然更加可靠。因此,可以假设KOC在社交媒体平台上分享的内容影响消费者的购买决策,与来源可靠性正相关。

假设2: KOC与消费者的互动(KOCs' Interaction with Consumers)正向影响KOC的来源可靠性,并影响消费者购买决策。

KOC与消费者的互动属于中介效应。KOC与消费者的互动对消费者感知到的信息可信度产生影响,而感知到的信息可信度与消费者对品牌的正向态度呈强正相关(Wang and Chan-Olmsted,2018)。KOC更加注重与粉丝的互动(闫跃龙,2019)。研究表明,KOC的粉丝效应是影响购买决策的因素之一,这种粉丝效应主要源自KOC与粉丝之间的互动(康彧,2020)。文献还强调,KOC的互动能够为私域流量池的发展注入活力(康彧,2020)。KOC在线下、社群和网络的立体连接中扮演着重要的角色,将KOC视为社群的主体不仅能够触达更多消费者,还能够增加消费者数量并提升消费者的忠诚度(刘春雄,2020)。社交媒体影响者对消费者的购买行为影响的一个关键因素是消费者是否感到与影响者有联系(Singh,2021)。

互动本身具有影响力。如果消费者对品牌、产品或服务不感兴趣,他们就不会与任何分享信息的影响者进行互动。如果我们采用更广泛的定义,那么互动是一种品牌承诺形式(Sprott, Czellar, and Spangenberg,2009),这种承诺是KOC与消费者互动的前提(Yeh and Choi,2011)。实际上,及时回复消费者的信息可以让消费者感到被关注,而非被忽视,这有助于消费者认同品牌并激发其购买热情(闫跃龙,2019)。KOC与消费者之间的互动促进了相互交流,这也增加了消费者对KOC分享信息真实性的辨别能力,从而提升了信任度,进一步增加了来源可靠性。因此,可以假设互动正向影响KOC的来源可靠性,并对消费者购买决策产生中介效应。

假设3:KOC对消费者的来源可达性(KOCs' Source Accessibility to Consumers)正向影响KOC的来源可靠性,并影响消费者购买决策。

来源可达性属于中介效应。环境对个人行为具有决定性影响(Skinner,1953)。格兰诺维特(Granovetter,1973,1978)强调社区对信息行为的影响。可靠性和互动不是解释KOC内容共享行为的全部重要因素,我们还需考虑解释KOC在内容共享行为中的环境因素,即KOC在何处共享内容为消费者提供便利。社交媒体平台(如Facebook)的便利性是解释KOC共享内容行为的另一个重要因素(Granovetter, Gummerus, Liljander, and Sihlman, 2017)。社交媒体平台具有规范、文化和准则,KOC在社交媒体平台环境中并非孤立行动,而是在一个大社群中活动。为了了解KOC在社交媒体平台上的共享行为,我们需要考虑KOC使用社交媒体平台的便利性对其行为的影响。现有研究强调了影响者在社交媒体上建立个人身份的逻辑,并认为社交媒体的便利性和多样性是其中关键要素(Berlina and Suwito,2020)。线上社交影响者推动品牌活动的影响因素受到社交媒体平台类型的影响(Hughes, Swaminathan, and Brooks, 2019)。来源可达性是因为KOC是针对垂直细分市场(私域流量)的消费者(闫跃龙,2019),

他们在各大社交媒体平台上发布和分享真实的购买使用感受，这些信息容易被消费者在社交媒体平台上看到（Singh，2021）。因此，对于消费者而言，KOC更加具有可达性。在移动互联网时代，消费者更容易在不同的社交媒体平台上看到KOC频繁分享和发布产品使用感受，从而增加对信息的信任（Singh，2021）。因此，可以假设，这种来源可达性正向影响KOC的来源可靠性，对消费者的购买决策产生中介效应。

假设4：KOC对品牌的独立性（KOCs' Independence of Brand）正向影响KOC的来源可靠性，并影响消费者购买决策。

KOC的独立性属于中介效应。根据我的访谈结果，KOC是相对独立于品牌和潜在消费者的第三方，其独立性较KOL更强，这可以增加消费者的信任度。因此，在KOC与品牌没有雇佣关系的情况下，这种独立性的中介效应会对消费者的购买决策产生正向影响。然而，当KOC与品牌存在雇佣关系时，这种独立性会减弱，从而减弱正向中介效应，并进而减弱对消费者购买决策的影响。

消费者说KOC对他们的影响

在KOC影响消费者决策的研究方面，仍存在一些需要探索的问题。其中，有两个核心问题尤为突出：首先，消费者在做出购买决策之前，到底是来源可达性（在社交媒体平台上获取信息的便捷性）更为关键，还是来源可靠性（信息的可靠性和可信度）更为重要？换句话说，消费者更关注KOC提供的真实分享和推荐,还是更注重在社交媒体平台上轻松找到产品信息? 其次,消费者在看到KOC真实分享的产品使用感受后,究竟是什么因素真正影响了他们的购买决策? 是这种真实可靠性本身,还是消费者与KOC在社交媒体平台上的某种互动,抑或是KOC的独立性,即他们与品牌方没有直接的雇佣关系?

为了更深入理解KOC对消费者购买决策的影响,我从消费者的角度出发,在社交媒体平台上探究了KOC的具体影响。我使用了Credemo(见数)[1]进行了数据收集,并招募受访者参与了线上问卷调查。调查的时间范围为2022年5月23日至5月27日。在调查中,我使用了5度李克特量表来测量所有的变量,其中1代表"非常不同意",5代表"非常同意"。这个量表基于现有的文献而构建,并根据研究的背景进行了适当的修订。研究结果显示,所有的变量都获得了满意的信度。具体结果如下:

- 来源可靠性:平均分为2.98,标准差为0.91,Cronbach's α 系数为0.92;
- KOC独立性:平均分为2.54,标准差为0.84,Cronbach's α 系数为0.87;
- KOC互动性:平均分为2.94,标准差为0.88,Cronbach's α

---

[1] Credamo(见数)是一款由北京易数模法科技有限公司自主研发的全球首款智能专业调研平台。该平台创新地整合了"问卷设计、样本服务和统计分析"三大模块,用户可一站式完成所有调研工作,提高调研效率。Credamo(见数)以强大的调研/实验功能和百万级样本库为全球超过3 000所高校师生提供科研和教育数据服务。

系数为 0.90；

● KOC 可达性：平均分为 2.97，标准差为 0.84，Cronbach's α 系数为 0.92；

● 消费者购买决策：平均分为 2.87，标准差为 0.87，Cronbach's α 系数为 0.90。

这些统计结果表明我的研究方法是有效的，而且量表具有相当高的信度，为进一步分析提供了坚实的基础。为了确保数据的准确性，我对样本进行了筛选，并发放了总计 1 000 份问卷，排除了那些未受到 KOC 影响的受访者。经过筛选，获得了 909 份有效问卷，回收率达到 91%。样本中，女性占比为 58.9%（$n = 535$），年龄 23 至 40 岁之间的受访者占比约为 61.9%（$n = 563$）。这些统计结果提供了一个相对清晰和具有代表性的参与调查的消费者画像。

在上面的四个研究假设中，假设 1 主要关注 KOC 可靠性与消费者购买决策之间的关系。分析发现，KOC 可靠性与消费者购买决策之间存在显著的相关关系（$r = 0.72, p < 0.05$）。这意味着当 KOC 的信息被认为更加可靠时，消费者更有可能采纳他们的推荐并做出购买决策。假设 2、3 和 4 主要关注中介效应。为了验证这些假设，我使用了 Hayes（2018）提供的 SPSS 插件 PROCESS 进行数据分析，并选择了 95% 的置信区间。在 Model 4 中进行了这三个假设的检验。在这个过程中，来源可达性、KOC 的互动性和 KOC 独立性被设定为自变量，消费者购买决策作为因变量，并控制了性别和年龄这两个变量，同时将来源可靠性作为中介变量。

数据分析的结果支持假设 2。具体而言,当来源可达性增加时,消费者对来源可靠性的感知也相应提高,从而促进其购买行为。这种中介效应是显著的($b = 0.44$, SE $= 0.04$, CI $= [0.36, 0.53]$)。这意味着,如果消费者更容易在社交媒体平台上获取到 KOC 的信息,他们会更加信任这些信息,并基于此作出购买决策。对企业和营销人员而言,这启示着提高信息的可达性(社交媒体上的曝光度)可以增强消费者对信息的信任程度,从而推动产品销售。

假设 3 旨在验证来源可靠性是否能够作为 KOC 互动与消费者购买决策之间关系的中介变量。数据分析发现,KOC 互动通过来源可靠性对消费者购买决策产生显著的间接效应($b = 0.47$, SE $= 0.04$, CI $= [0.39, 0.54]$),证实了中介效应的存在。这个结果支持了假设 3,表明当 KOC 与消费者的互动增加时,消费者会感知到更高的来源可靠性,从而提高他们购买产品的可能性。

假设 4 关注 KOC 独立性对消费者购买决策的影响是否通过来源可靠性实现。数据分析显示,该中介效应的置信区间大于 0 ($b = 0.25$, SE $= 0.03$, CI $= [0.19, 0.30]$),验证了假设 4。这意味着当 KOC 表现出更高的独立性(即与品牌方没有直接雇佣关系)时,消费者更倾向于认为其信息来源可靠,更有助于推动消费者的购买决策。KOC 在社交媒体平台上的活动确实对消费者的购买决策产生影响。特别是 KOC 的互动程度和独立性,这两个因素通过影响消费者对信息来源可靠性的感知间接影响消费者的购买决策。

为什么KOC有这样的影响力？

为了进一步探究 KOC 影响力的成因，我使用问卷星[①]平台进行调查，向数字营销领域的专业人士发放问卷，旨在了解 KOC 影响力的解释。其中一个解释是："KOC 在社交媒体平台上分享真实的购买体验，从而影响其他消费者的购买决策，这主要是因为消费者越来越信任'像我一样的人'。"该解释共收集到 1 356 份回应，认同程度为 1 至 5 分，平均得分为 3.759，标准差为 1.1，中位数为 4 分。统计结果显示，889 名受访者（占 67.55%）表示"同意"或"非常同意"；239 名受访者（占 17.63%）持中立态度；另有 201 名受访者（占 14.82%）表示"不同意"或"非常不同意"。从这个结果可以看出，绝大多数数字营销执行层人士认为，"像我一样的人"的认同感使消费者感到 KOC 亲近和可靠，进而增加了他们对 KOC 的信任。KOC 在社交媒体平台上积极参与互动，例如及时回复消费者的问题、实时与消费者交流，为消费者创造了真实的体验，缩小了消费者与 KOC 之间的心理距离。KOC 在消费者日常浏览的社交媒体平台上分享内容，极大地提高了消费者获取信息的便利性。尽管消费者无法验证 KOC 分享的内容是否受品牌方聘用，但 KOC 分享的内容通常与消费者的阅读习惯高度

[①] 问卷星是一个专业的在线问卷调查、考试、测评、投票平台，专注于为用户提供功能强大、人性化的在线设计问卷、采集数据、自定义报表、调查结果分析等系列服务。与传统调查方式和其他调查网站或调查系统相比，问卷星具有快捷、易用、低成本的明显优势，已经被大量企业和个人广泛使用。

契合,给人一种真实的感觉。这种真实感带来了信任,信任又引发了关注,最终影响了消费者的购买决策。

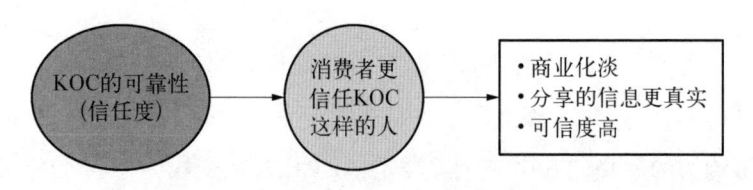

图 5-2 KOC 的可靠性

关于 KOC 分享心理动因(即互动性),问题是:"KOC 的分享行为是否主要出于分享'真实体验'和'树立个人权威'的动机,而非追求成为'公众名人'?"该问题共收集到 1 356 份回答,回答范围为 1 至 5 分,平均得分为 3.482,标准差为 1.198,中位数为 4 分。统计结果显示,724 名受访者(占 53.39%)表示"同意"或"非常同意";332 名受访者(占 24.48%)持中立态度;另有 300 名受访者(占 22.12%)表示"不同意"或"非常不同意"。尽管成为公众名人可能会带来更多的粉丝、商业合作机会和经济利益,但这样的可能性相对较小。根据数字营销执行层人士的观点,KOC 的分享行为更多地出于分享自己"购买使用后的真实体验"和"树立个人权威"的动机。

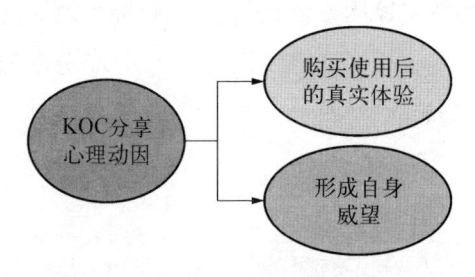

图 5-3 KOC 分享心理动因

关于 KOC 传播渠道（即来源可达性），问题是："您认为 KOC 主要通过哪些社交媒体平台进行分享传播？"该问题共收集到 1 356 份回答。统计结果显示，微博被提及的次数最多，共有 801 次提及，占比为 59.07%；其次是抖音，被提及 796 次，占比 58.70%；小红书被提及 795 次，占比 58.63%；B 站被提及 695 次，占比 51.25%；快手被提及 626 次，占比 46.17%；微信被提及 622 次，占比 45.87%；视频号被提及 472 次，占比 34.81%；知乎被提及 468 次，占比 34.51%。

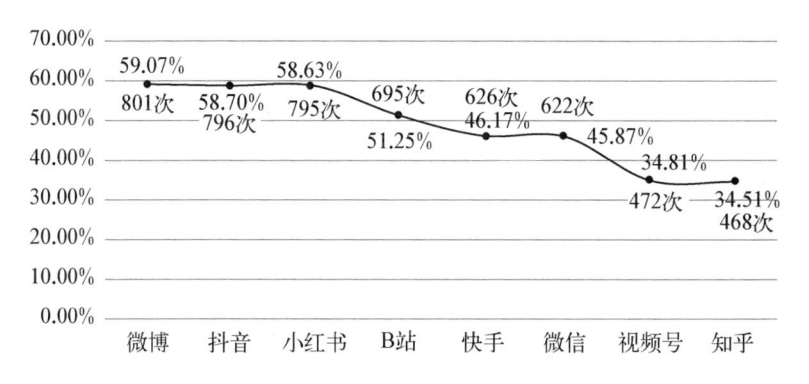

图 5-4　社交媒体平台被提及率排名

进一步对这 8 个主流社交媒体平台进行相关分析研究发现，Bilibili（B 站）与微博、微信、快手、小红书、视频号、知乎、抖音这 7 个平台之间存在相关关系。具体而言，B 站与微博、快手、小红书、视频号、知乎、抖音这 6 个平台之间的相关系数分别为 0.253、0.071、0.190、0.090、0.323 和 0.210，均大于 0，显示出正相关关系，这意味着 KOC 在这些平台上的分享内容具有相互传播性。然而，B 站与微信之间的相关性不显著，相关系数接近于 0，表明两者之间没有明显的相关关系,即它们的内容不具有相互传播性。因此,KOC 在社交媒体平台上发布内容时,建议分别针对 B 站和微信准备内容,以覆盖这两个平台的用户群体。

关于 KOC 独立性,描述是:"目前在中国社交媒体上活跃的 KOC 大多与品牌没有雇佣关系,而是作为独立于品牌和潜在消费者的第三方存在。"该描述共收集到 1 356 份回答,回答范围为 1 至 5 分,平均得分为 3.547,标准差为 1.214,中位数为 4 分。统计结果显示,789 名受访者(占 58.19%)表示"同意"或"非常同意";266 名受访者(占 19.62%)持中立态度;另有 301 名受访者(占 22.19%)表示"不同意"或"非常不同意"。KOC 与品牌方之间不存在雇佣关系,这是其信息来源可靠性的基石。如果 KOC 完全独立于品牌方和潜在消费者,他们对消费者购买行为的影响力会增强。相反,如果 KOC 受品牌方雇用,他们对消费者购买行为的影响力就会减弱。超过一半的受访者(58.19%)认为 KOC 与品牌没有雇佣关系,这表明在目前阶段,KOC 所传播的信息具有较高的独立性,较少受到品牌的影响。

图 5-5 KOC 的独立性

第六章
KOC 画像

KOC 人群特征

社交媒体营销强调用户需求和情感。虽然"内容为王"的理念在互联网上广为流传，但将优质内容嵌入适当的应用场景同样至关重要。中国大多数品牌在社交媒体营销方面仍处于初级阶段，只注重简单的信息传播和广告展示，却忽视了情感交流的核心价值。

分享是人类的宝贵品质，它不仅能够拓宽我们的知识和信息，还为我们带来了信任。KOC 作为社交媒体上的影响力群体，不仅有自己独特的目标和群体结构，还通过分享和交流来影响更多人的消费决策。品牌可以通过与他们建立情感连接，更有效地传递品牌信息给目标消费者。

为了了解 KOC 的特征，我针对数字营销执行层人士提出了问题："您认为 KOC 人群特征包含以下哪些选项？"共收集到了 1 356 份有效问卷。根据问卷数据分析，得出了 KOC 的六个核心特征：
- 品类兴趣自愿分享：881份问卷（64.97%）认为，这是KOC人群画像中最为重要的特征，KOC通常出于对某个品类浓厚的兴趣而自愿分享相关内容。
- 内容和兴趣是分享的基础：818份问卷（60.32%）支持这个观点，即KOC更倾向于分享与他们的兴趣和专业知识相关的内容，以吸引拥有相似兴趣的受众。
- 产品的真实体验：771份问卷（56.86%）认为，KOC通常是产品的真实体验者，他们通过亲身体验来评估产品的优缺点，并与其他用户分享真实的使用感受。
- 垂直品类鉴赏力：758份问卷（55.9%）强调了KOC在特定品类中的鉴赏力，认为他们在某个领域拥有丰富的知识和经验，因此他们对产品的评价和推荐具有较高的参考价值。
- 分享的内容真实可信：738份问卷（54.42%）认为，KOC分享的内容具有真实性和可信度，他们的推荐和评价往往基于真实的体验和知识，因此更容易获得其他用户的信任。
- 对特定品类的影响力大：558份问卷（41.15%）认为，KOC在特定品类中具有较大的影响力。他们的观点和评价能够影响其他用户的购买决策，从而在一定程度上塑造市场趋势。

除此之外，还有15份问卷提到了其他特征，例如对尝试新事物的喜好、对优越感的追求、资深的推荐者、内容的稀缺性或独特观点、以及能够给读者带来启发或新的见解等。这些特征仅占总问卷的1.11%，未被列入KOC的主要特征范畴。总结而言，KOC的核心特征包括对品类的兴趣自愿分享、以内容和兴趣为基础进行分享,作为产品的真实体验者,在特定品类中具备垂直鉴赏力,分享内容的真实可信性,以及在特定品类中具有较大的影响力。KOC人群特征如图6-1所示。

排序 ① ② ③ ④ ⑤ ⑥

品类兴趣自愿分享 内容/兴趣是分享点 产品真实体验 垂直品类鉴赏力 分享的内容真实可信 品类影响力大

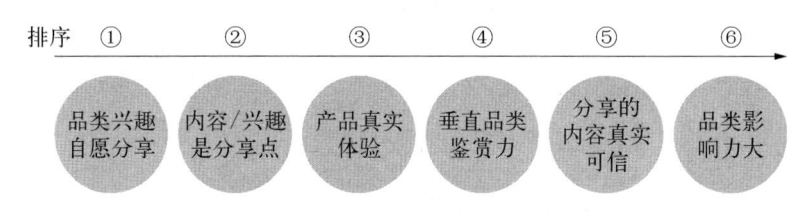

图6-1 KOC人群特征

KOC人群分类

KOC的人群画像是通过对消费者的社会特征、心理特征、兴趣特征、消费行为、使用设备属性、上网行为以及生活习惯等多个方面信息进行调研和分析后,提炼出的分类。所分析的这些特征可以分为两大类:基础特征和用户特征。

基础特征包括:

- 年龄:涵盖各个年龄段,以年轻人为主。
- 性别:男性和女性都有,在某些品类可能存在性别偏好。
- 地域:广泛分布,不同的域的KOC可能关注点有所不同。
- 教育程度:大多数具有较高的教育背景。
- 职业:涵盖各行各业,以具备专业知识或独特经验的为主。
- 收入:包含各个收入阶层。
- 婚姻状态:既有已婚者,也有未婚者。

用户特征包括：

● **心理特征**：包括性格、能力、气质、价值观、情感和思维等。KOC通常具有较强的独立思考能力和分享意愿。

● **兴趣爱好**：广泛多样，包括但不限于旅游、运动、购物、美妆、美食和阅读等。这些兴趣为他们提供了丰富的内容分享来源。

● **消费行为**：既包括线上购物也包括线下购物，他们通常是某一特定品类或品牌的忠实用户。

● **使用设备属性**：设备品牌和系统多样化，某些高端设备可能更受青睐。

● **上网行为**：包括访问时间、访问记录和浏览路径等，反映了他们在网络上的活跃度和信息获取习惯。

根据KOC人群特征，将KOC细分为四大类别：精明消费者（S1 smart consuming）、品质生活家（S2 success living）、活跃分享家（S3 sharing）和粉深种草党（S4 seeding）。（如图6-2所示）这种分类有助于品牌方更深入地了解KOC的需求和偏好，更有效的利用KOC的属性来实施社交媒体平台上的营销计划，或者为普通消费者提供指导，帮助他们成为自己向往的KOC类型。

在进行KOC人群画像验证的过程中，共收到了1 356份问卷反馈。经过数据分析发现，大部分受访者认为KOC更倾向于表现为"精明消费者"，这个选项获得了903份问卷的支持，占比高达66.59%，位列第一。"品质生活家"以891票、65.56%的占比紧随其后，位居第二。第三名是"活跃分享家"，获得了834票、61.36%的支持。最后是"粉深种草党"，以769票、56.56%的占

第六章 KOC画像　71

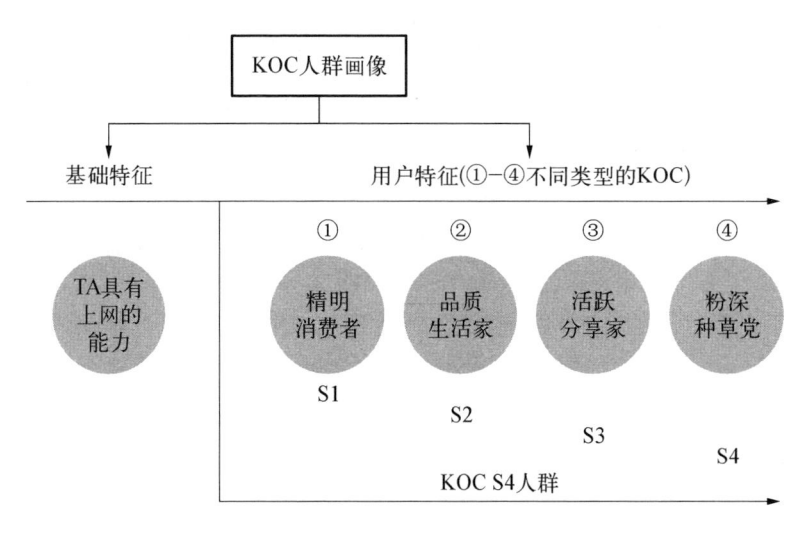

```
                    ┌─────────────┐
                    │ KOC人群画像  │
                    └──────┬──────┘
              ┌────────────┴────────────┐
              ↓                         ↓
          基础特征              用户特征(①-④不同类型的KOC)

                              ①      ②      ③      ④
          ┌─────┐          ┌─────┐ ┌─────┐ ┌─────┐ ┌─────┐
          │TA具有│          │精明 │ │品质 │ │活跃 │ │粉深 │
          │上网的│          │消费者│ │生活家│ │分享家│ │种草党│
          │能力 │          └─────┘ └─────┘ └─────┘ └─────┘
          └─────┘             S1
                                      S2
                                              S3
                                                      S4
                              KOC S4人群
```

图 6-2　KOC 人群画像

比位居第四。需要指出的是，KOC 具有一个基础并至关重要的特征，即 KOC 必须具备上网能力，这是他们在社交媒体平台上扮演 KOC 角色的先决条件。综合以上数据和分析，可以总结出 KOC 人群画像：他们是精明的消费者群体，对生活质量有着极高的追求；在社交媒体平台上非常活跃，乐于分享自己的见解和经验；深度参与种草行为，善于发现和推广各种独特、有价值的产品或服务。具体解释如下。

精明消费者（S1）。在互联网时代，消费者面临大量的产品和广告信息。面对信息的海量和复杂性，精明消费者需要筛选出对自己有价值的内容。他们通过自己的方法论，建立起对品牌和产品的判断、认知、思考和决策体系，以做出明智的消费选择。他们把这种明智选择分享到社交媒体上与其他消费者共享，以达成对其他消费者的信息筛选指引，帮助其他消费者节约信息筛选的时间。

品质生活家(S2)。随着精明消费的实践，消费者的消费观念和生活品质也会提升。品质生活家从海量信息中筛选出能够提升生活方式的产品和品牌，他们追求高质量、高品位的品牌、产品/服务，并乐于在社交媒体上分享自己的生活方式和体验，为其他消费者提供有益的参考。

活跃分享家(S3)。这类消费者在购买和使用产品后，积极在社交媒体平台上记录自己的生活方式提升和产品使用的真实感受。他们的分享内容因为真实性、活跃性和吸引力逐渐受到其他消费者的关注和互动。社交媒体平台也开始推荐他们的内容，进一步增加了他们的曝光和影响力。这种高频的互动和分享使他们逐渐形成了KOC的外在影响力，这对产品和品牌的推广起到了积极的作用。

粉深种草党(S4)。当消费者通过精明消费提升自己的生活品质，并乐于分享真实的体验和感受时，他们的观点和推荐开始影响到周围的朋友或社交媒体平台上对此类目感兴趣的陌生消费者。这种影响不仅仅局限于一次性购买建议，而是能够引发其他消费者做出购买决策，并进一步将品牌推荐给更多的人。在这个过程中，这些消费者的"好物"推荐能力得到了广泛认可，他们从精明消费、品质生活到活跃分享的过程，对其他消费者形成了深度的种草效果，逐渐成为能够引领潮流、带路的KOC。这个阶段是KOC影响力的深度和广度双重扩展的关键阶段，也是KOC形成深度影响力的关键时期。根据目前社交媒体影响者的实际情况,明星或KOL的商业化趋势正在向下(真实性)兼容,因此我们可以将这部分影响者归类为粉深种草党类型的KOC,例如,音乐人胡梦周。

普通消费者成长为KOC的过程

要成为KOC,普通消费者需要具备精明消费者和品质生活家的内在特质,并展现出活跃分享家和粉深种草党的外在影响力。他们通过精明消费逐步晋升为品质生活家、进化为活跃分享家,最终成为粉深种草党,完成了从普通消费者到一个有深度和广度影响力的KOC的完整进阶路径。图6-3展示了这个成长进阶过程。

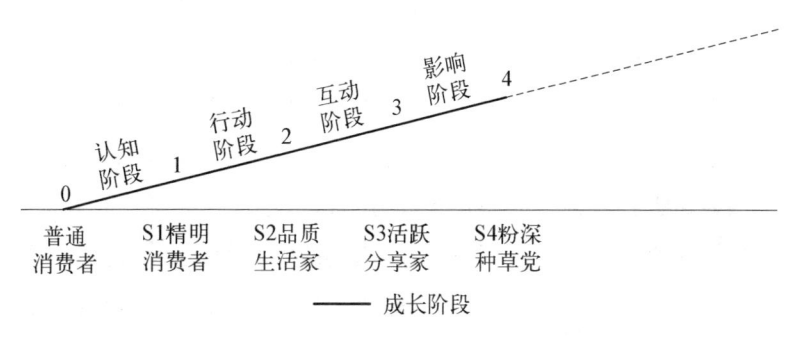

图6-3 普通消费者成长为KOC的模型

在成为KOC的过程中,从普通消费者到不同类型的KOC经历了一系列阶段,每个阶段都具有不同的特质和影响力。以下是这些阶段的具体描述:

- 认知阶段：做一个内在提升精明消费者类型的 KOC。普通消费者通过消费过程逐渐培养出对品牌、产品/服务的敏锐洞察力。他们学会从众多选项中准确选择符合自己需求的优质产品/服务。这标志着他们进入了精明消费者的认知阶段，也是将来能成为一个具有深度影响力的 KOC 的初始阶段。如精明消费者类型的 KOC 不想继续进阶，可停留在此阶段做一个精明的 KOC，用自己在消费过程中培养的敏锐洞察力去影响普通消费者的购买决策。

- 行动阶段：做一个内在提升品质生活家类型的 KOC。在成为精明消费者类型的 KOC 之后，这类消费者开始注重更高品质的生活。他们能够从大量信息中筛选出高品质的品牌、产品/服务，并通过这些优质选项提升自己的生活品质。这一阶段塑造了他们的品质生活家身份，是第二种类型的 KOC，也是将来能成为一个具有深度影响力的 KOC 的关键阶段。

- 互动阶段：做一个外在影响活跃分享家类型的 KOC。成功塑造品质生活家身份后，消费者开始感受到生活质量和消费水平的显著提升。他们渴望记录和分享这个过程中的喜悦和收获。通过社交媒体平台，他们积极分享真实的体验和感受。这些分享因其真实性和活跃度吸引了其他消费者的关注和互动，提升了他们的影响力。随着时间的推移和内容的积累，这部分消费者逐渐成为活跃分享家。这一阶段的频繁互动拉近了他们与其他消费者的距离，标志着他们进入了第三种类型的 KOC，也是 KOC 的互动阶段。

- 影响阶段：做一个外在影响粉深种草党类型的 KOC。在日常的筛选、分享和与其他消费者的互动中,这些消费者逐渐在对其他消费者的深度影响中脱颖而出,成为引路人。他们从精明消费者、品质生活家、活跃分享家逐渐进化为粉深种草党。这是KOC的第四种类型,也是他们影响力从深度向广度扩散的关键时刻。在这一阶段,随着时间的推移,他们的关注者群体不断扩大,形成了一批忠实的追随者,时刻关注他们发布的信息,粉丝圈层逐渐形成。这一阶段标志着他们外在深度影响力的形成,也是他们成功晋升为影响力最深度类型的KOC的决定性阶段。

第七章
KOC 的商业价值：品牌营销的新机遇

品牌方如何寻找并与 KOC 合作？

在品牌传播和营销中，与 KOC 合作正在成为一项重要的策略。如何找到与自身品牌相匹配的 KOC 并确保合作成功，是品牌方面临的挑战。以下是我调研总结出的一些有效的方法。

- 深入明确品牌定位与目标市场。在与 KOC 合作之前，品牌方首先应对自己品牌的核心价值观、目标受众、竞争对手以及市场定位有清晰的理解和梳理。基于这些理解和梳理，品牌方制定有针对性的 KOC 合作战略，确保找到的 KOC 与品牌形象和市场策略保持高度一致。

- 利用会员系统（CRM）进行初步筛选。品牌方可以从自己的会员系统中初步筛选潜在的 KOC 合作伙伴。通过分析会员的购买记录、互动频率和反馈意见等数据，品牌方可以识别出对品牌具有高度认同感和忠诚度的消费者，他们有可能成为潜在的

KOC,愿意为品牌发声并吸引其他消费者的关注和认同。

- 主动在社交媒体平台上搜索和联系。社交媒体平台是寻找KOC的重要渠道。品牌方可以通过搜索关键词、浏览热门话题和标签，以及参与相关社群和与社交媒体举办活动等方式，在社交媒体平台上主动寻找和联系潜在的KOC合作伙伴。此外，社交媒体平台上的数据分析工具也可以帮助品牌方了解KOC的粉丝基础、互动率和内容质量等指标，进一步评估他们的合作价值。

- 关注行业内的权威榜单与评选。各行业会定期发布关于消费者的权威榜单和评选结果，品牌方应密切关注这些榜单和评选，及时了解和识别行业内表现突出的消费者，将其作为潜在的KOC合作对象。

- 主动建立合作关系和联系网络。确定了潜在的KOC合作伙伴后，品牌方应采取主动措施与其建立联系。可以通过发送合作邀请、参与品牌的线上活动、邀请他们体验品牌的产品或服务等方式来建立合作关系。

- 与KOC联盟开展合作。若预算允许，品牌方与KOC联盟进行合作是一个值得考虑的策略。这些联盟拥有丰富的经验和专业的团队，能够高效地搜索和评估KOC，确保整个合作过程顺利进行。通过与KOC联盟合作，品牌方不仅可以规避潜在风险，如交稿延误或临时违约等问题，还能保障合作的专业性和效率。KOC联盟通常拥有广泛的KOC资源，能够为品牌方提供更多的合作机会和选择，进一步拓展KOC合作伙伴的范围。

品牌方选择 KOC 的注意事项

在品牌方选择与 KOC 合作时,有几个关键注意事项需要考虑,以确保合作的成功。品牌方应对 KOC 进行全面的评估和选择,这包括评估他们的真实可靠性、内容质量和互动性等指标。这些指标可以帮助品牌方确保与 KOC 的合作与品牌形象和市场策略相一致。(如表 7-1 所示)

表 7-1 品牌方选择 KOC 的注意事项

事 项	具 体 做 法
真实可靠性	选择那些真实购买过产品/服务的消费者作为 KOC
内容质量	确保 KOC 的内容与品牌形象和市场策略相一致
互动性	评估 KOC 在社交媒体上的互动率和活跃度
沟通	与 KOC 进行充分沟通,确保他们在发布品牌内容前对品牌有透彻的理解
目标市场匹配度	考虑 KOC 与品牌受众特征、需求偏好等方面的匹配度

与 KOC 开展营销合作:问卷调查的结果

福布斯 2020 年的调查数据揭示了一个重要现象:约 81% 的受访者表示,朋友和家人的评论会直接影响他们的购买决策。同时,艾瑞咨询的数据显示,41.8% 的"95 后"会向亲友推荐他们认为"好用"的品牌。这些现象正是当前广泛讨论 KOC 概念的背景。新一代消费者变得越来越理性，不再盲目听从 KOL 的推荐。相较之下，KOC 所分享的内容更真实可信，从而使得他们的推荐更具影响力，能够直接影响其他消费者的购买决策。与 KOL 不同，KOC 本身就是消费者，与普通消费者之间的联系更为紧密，距离普通消费者更近。KOC 的规模庞大，影响力更广泛，与 KOL 相比有明显差异。私域流量的崛起为 KOC 带来了无尽的发展机遇，也引起了品牌方的日益重视。因此，从品牌方的视角出发，了解 KOC 在营销中的价值和现状变得尤为重要。KOC 在品牌营销链路上的营销价值，如图 7-1 所示。

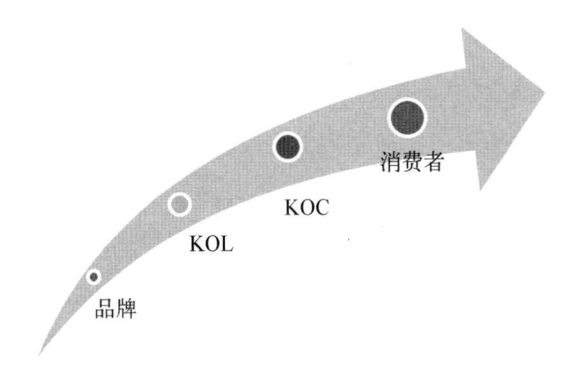

图 7-1　KOC 在品牌营销链路上的营销价值

从品牌方的角度考虑，KOC 的营销价值何在？其他品牌与 KOC 的合作现状如何？为了深入探讨与 KOC 开展营销合作的各个方面，我在 2022 年 4 月 22 日至 30 日期间进行了一项新的调查。调查对象包括中国互联网行业的数字营销执行层人士，例如品牌方、广告代理公司、媒体和 KOC。这次调查成功收集了

1 356份有效问卷。这些有效问卷中,广告代理公司的回复为505份,占比37.24%;媒体的回复为174份,占比12.83%;品牌方的回复为343份,占比25.29%;KOC的回复为300份,占比22.12%。此外,问卷还收到了来自互联网能源、制造业和IT领域的34份回复,占比2.51%。以下是调查结果的简要概况。

关于KOC的营销价值和销售关系,问题是:"您是否同意KOC在品牌社交媒体营销中更重要的是作为'有话题可讨论'的角色,而不是作为'卖货员'在销售环节中的角色?"调查结果中,有899份问卷(占比66.29%)表示同意或非常同意,262份问卷(占比19.32%)持中立态度,195份问卷(占比14.38%)表示不同意或非常不同意。超过六成的受访者认为KOC在品牌营销中的核心价值在于他们能够引发和传播与品牌相关的话题,而不仅仅是推动销售。这个结果验证了KOC在品牌的社交媒体营销中更多地扮演着话题的发起者和传播者的角色。他们的主要任务是通过分享真实的体验和观点,引发消费者的关注和讨论,从而扩大品牌的影响力和知名度。当然,销售仍然是品牌营销的一个重要目标,但KOC的核心价值在于他们在营销链路上的口碑传播效应。在品牌产品的销售节点上,营销链路和销售链路是相辅相成的,各自发挥着重要的作用。品牌方在制定KOC营销策略时,或许应更加重视如何最大化KOC的话题传播价值,进而扩大品牌的影响力,而不仅仅关注其销售能力。

关于"KOC主要通过购买评论、短视频、分享笔记、产品测评、经验长文、直播形式进行分享传播",1 244位受访者(占91.74%)表示同意或非常同意,88位受访者(占6.49%)持中立态度,24位受

KOC通过社交媒体平台传递给消费者

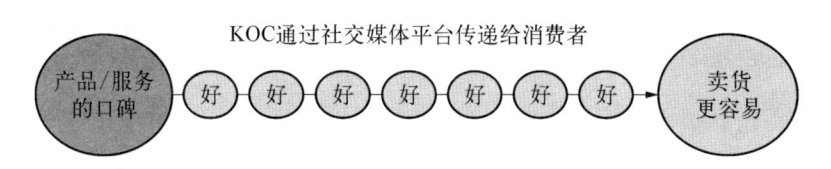

产品/服务的口碑 — 好 — 好 — 好 — 好 — 好 — 好 — 好 — 卖货更容易

图7-2 KOC口碑传播效应

访者(占1.77%)不同意或非常不同意这种说法。近九成的受访者认同描述中的传播方式,这验证了KOC在品牌营销链路上的多元化传播策略。

KOC通过购买评论、短视频、分享笔记、产品测评、经验长文、直播等形式进行分享传播。这些多样化的传播方式使KOC能够更好地与消费者互动和沟通,从而引发消费者的兴趣和关注。通过购买评论,他们可以分享对产品的真实评价;通过短视频和直播,他们可以展示产品的使用过程和效果;通过分享笔记和经验长文,他们可以详细介绍产品的特点和个人体验。传播方式的多样性增强了KOC在品牌营销中的影响力和传播效果。因此,品牌方在与KOC合作时,应充分利用KOC的多元化传播方式,以最大化品牌的曝光量和传播效果。同时,品牌方也应与KOC建立紧密的合作关系,共同制定有效的营销策略,使KOC的传播内容更加符合品牌形象和目标受众的需求。

排序 ① ② ③ ④ ⑤ ⑥

评论　短视频　分享笔记　产品测评　经验长文　直播

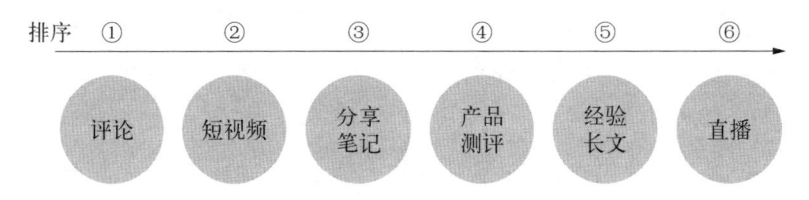

图7-3 KOC的传播方式

关于"在未来,您推荐品牌方与KOC采取哪种合作分利模式",以下是各选项的选择人数和占比情况:

- "产品购买优惠券":821位受访者选择,占比60.55%。
- "产品试用后赠予":790位受访者选择,占比58.26%。
- "传播内容付费"和"与品牌相关的其他礼品":各728位受访者选择,占比53.69%。
- "会员模式":577位受访者选择,占比42.55%。

根据调查结果,大多数受访者推荐品牌方与KOC采取以下合作分利模式:提供产品购买优惠券、产品试用后赠予,以及支付费用以获取传播内容或提供与品牌相关的其他礼品。此外,一部分受访者也认为建立会员模式是一种有效的合作方式。这些数据结果为品牌方提供了指导,可以根据受访者的建议来选择最适合的合作模式。需要注意的是,不同品牌和产品的特点可能会对合作模式的选择产生影响,品牌方在与KOC合作时应根据实际情况进行灵活调整,并与KOC密切合作,制定出互利共赢的合作方案。

另外,还有14位受访者(占1.03%)提供了额外的信息,提出了按销售付费(CPS)和按每行动成本付费(CPA)这两种合作分利模式。进一步的数据分析显示,"传播内容付费"与"产品购买优惠券""与品牌相关的其他礼品""会员模式"之间存在显著的负相关关系,其相关系数分别为-0.078、-0.127和-0.089。"传播内容付费"与"产品试用后赠予"之间并没有显示出明显的相关性。基于这些结果,建议品牌方和KOC按照如图7-4所示的合作分利模式的优先顺序进行合作,以实现最佳的营销效果。同时，也需要注意各种合作分利模式之间的相关性，以避免可能存在的冲突和负面影响。

排序 ① ② ③ ④ ⑤

产品购物优惠券　产品试用后赠予　传播内容付费　与品牌相关的礼品　会员

图7-4　品牌与KOC合作分利模式

根据调查问题"您认为哪些行业的品牌方更适合开展KOC营销？"的反馈，美妆、时尚、快消和美食被认为是最适合开展KOC营销的前四大行业。数字营销执行层人士普遍认为这四个行业的品牌方未来应更加重视KOC营销。行业具体数据排序如表7-2所示。

表7-2　KOC的人气行业排行榜

序号	行　业	选择人数	占比（%）
1	美妆	841	62.02
2	时尚	832	61.36
3	快消	779	57.45
4	美食	699	51.55
5	旅游	541	39.90
6	3C/家电	529	39.01

(续表)

序号	行业	选择人数	占比(%)
7	母婴	445	32.82
8	体育	422	31.12
9	游戏	370	27.29
10	健康	364	26.84
11	汽车	356	26.25
12	奢侈品	348	25.66
13	房地产	187	13.79

此外,还有8份问卷(占比0.59%)提及了其他适合进行KOC营销的行业,例如知识、资料、课程、成人教育、律师服务虚拟类行业等。根据以上数据结果,美妆、时尚、快消和美食等行业应该更加重视KOC营销,其他行业也可以适当考虑采用KOC营销策略。同时,对于其他行业中可能适合KOC营销的领域,品牌方可以进行深入研究和探索,以寻找更多的市场机会。

"您认为品牌方开展KOC营销时应该考虑哪些评估标准?"调查中各选项的选择人数与占比情况如下:

• 分享内容形式(如图文、短视频、直播):827人,占比60.99%。
• 分享社交媒体平台数量(如分享在小红书、抖音等):718人,占比52.95%。

- 分享内容数量：702人，占比51.77%。
- 分享内容频次：631人，占比46.53%。
- 分享内容时间节点（上午/晚上/周末等）：578人，占比42.63%。
- 阅览数：577人，占比42.55%。
- 直播观看人数：564人，占比41.59%。
- 收藏数：508人，占比37.46%。
- 点赞数：506人，占比37.32%。
- 转发数：484人，占比35.69%。
- 其他补充：29人，占比2.14%。

反馈问卷中还提到了其他评估标准，包括成交量、成交额、评论数、留言询问购买的用户数、投资回报率、评论互动数、咨询数、差评数量、评论区活跃数、粉丝量、核心宣传点无提示认知，以及创意。从调研结果来看，数字营销执行层人士普遍认为"分享内容形式"是品牌方开展KOC营销时最关键的评估标准。此外，分享平台数量、分享内容数量和频次也是重要的考虑因素。在品牌方计划开展KOC营销时，应全面衡量营销效果，确保资源的有效利用和营销目标的实现，综合考虑以上提到的评估标准。评估标准排序具体如图7-5所示。

对于问题"您是否认为品牌方未来应考虑结合KOL和KOC进行组合营销？"，有935人表示同意和非常同意，占比68.95%；239人表示中立态度，占比17.63%；182人表示不同意和非常不同意，占比13.43%。从数据可以看出，大多数数字营销执行层人士认为品牌方在未来应该考虑采用KOC与KOL的组合营销策

排序 ① ② ③ ④ ⑤

分享内容形式　分享社交媒体平台数量　分享内容数量　分享内容频次　分享内容时间节点

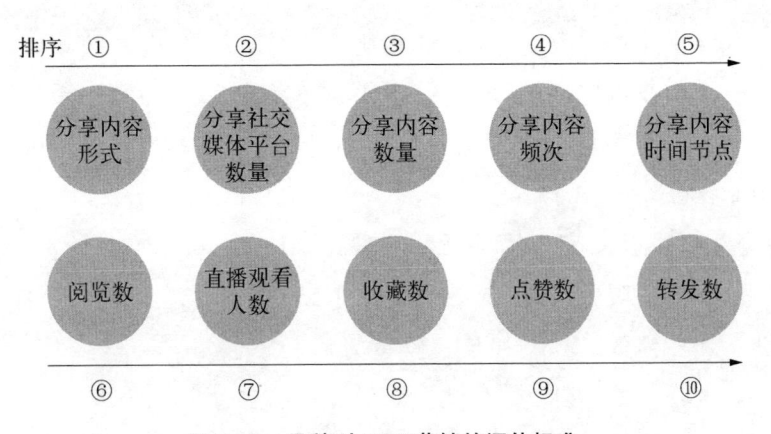

阅览数　直播观看人数　收藏数　点赞数　转发数

⑥ ⑦ ⑧ ⑨ ⑩

图 7‑5　品牌对 KOC 营销的评估标准

略。这种策略有助于品牌方更全面地覆盖不同的受众群体,从而提高整体的营销效果。

第八章
抛砖引玉：KOC 营销案例两则

我是春节期间奢侈品品牌的 KOC

在 2023 年春节期间，我有幸亲身参与和体验了多个奢侈品品牌在社交媒体平台上的营销活动。这些品牌充分认识到社交媒体平台的价值，将其视为一个免费且拥有亿万级用户的传播渠道。通过与消费者建立直接联系，这些品牌旨在增强现有消费者的忠诚度并吸引新的消费者。在除夕之夜，我提前收到了关注的几个奢侈品品牌发来的微信红包。这些品牌设计的微信红包图案精美，令人喜爱，我禁不住在给朋友发送红包时使用了这些红包设计，不自觉地成为它们营销策略的一部分，助力它们实现了在春节期间巩固老用户和吸引新用户的目标。

我第一次在一个由 30 人组成的微信群中使用了这些设计发送红包。在抢红包的过程中，每个群成员都注意到品牌方通过红包设计传递的信息。一些人甚至点击了红包设计中的链接，进入了品牌的官方商城，并完成了购买行为。出于喜爱，我还将这些红包设计分享到了自己的朋友圈。我的朋友圈中有 1 912 个好友。尽管无法确保每个好友都看到了我分享的信息，但毫无疑问，相比仅在 30 人的微信群中分享，这产生了更大的曝光量。

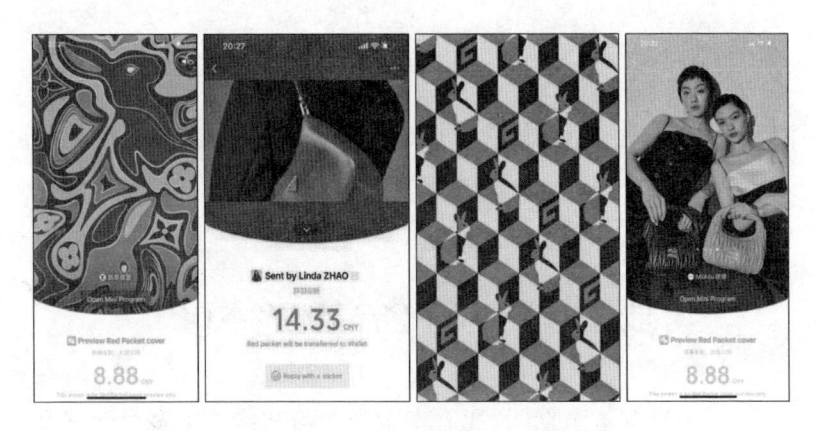

图 8-1　几家奢侈品品牌设计的红包

在数字化时代，创造力成为营销的核心。即使是传统上被视为"高高在上"的奢侈品品牌，也开始放下身段，充分利用社交媒体平台，为消费者制造惊喜，吸引他们更积极地参与品牌的营销活动。消费者由此从单纯的"观众"转变为品牌传播的"参与者"，成为信息传播的主角。以我在春节期间收到的多个奢侈品品牌赠送的红包的经历为例，在使用这些精美的红包时，我不再是一个"观众"，而是成为品牌传播的"参与者"。

当然，品牌方在社交媒体平台上的营销策略远不止于此。除了通过线上商城入口进行直接的营销传播外，他们还设计了各种娱乐互动环节，以更深入地与消费者建立情感连接。举例来说，在 2023 年春节期间，爱马仕在其微信小程序中推出了一个名为

"欢喜跃新年 兔年新装扮"的活动。用户可以上传照片生成个性化的头像，并将其替换为朋友圈的头像。完成这个步骤后，用户需要截图并上传至爱马仕的微信小程序，同时告知微信好友的数量。这样，用户就有机会参与抽奖活动。通过这种方式，爱马仕不仅成功吸引了大量用户的参与，还在互动过程中传递了品牌的核心价值，从而提高了消费者对品牌的认知度和好感度。

图 8-2 爱马仕换头像小游戏

这些品牌的营销策略也实现了线上线下的协同。例如，除了收到奢侈品品牌的线上电子红包外，我还收到了爱马仕、古驰等品牌寄送的实体红包。这些红包设计独特且充满节日气氛,引发了我与他人分享的欲望。我将这些红包分享给了身边的同事,大家都非常喜欢。最后,我特意留下了两个作为自己的收藏品装裱挂了起来。

在当今充斥着快速消费和大量营销信息的时代,品牌方仅依靠运气或仅仅发布一个原创想法在社交媒体上是不够的。成功的社交媒体营销需要整个团队的协作,全面适应社交媒体的传播特性,并深入了解消费者的心理需求。品牌方的营销人员不仅需要激发消费者的热情,鼓励他们参与节日活动,还要培养他们成为信息的传播者,而不仅仅是观众。在此需要强调的是,在策划活动时,营销团队应确保用户在社交媒体平台上的参与体验是愉悦的,而不是负担。这需要在不打扰消费者的前提下找到平衡,让他们愿意主动参与并传播品牌信息。例如,对于春节期间的红包活动,品牌方需要注意在正月十五元宵节等后续节点上更新营销策略,以避免信息过时和消费者产生反感。重复推送相同的过年红包信息可能会引起消费者的不满,甚至导致负面传播。

在数字化时代,评估社交媒体平台上营销活动的有效性至关重要。目前的市场环境中,企业对于营销费用的使用与效果有着越来越高的要求。与 KOL 相比,KOC 的运营成本相对较低,有时甚至无须任何资金投入,就能借助社交媒体平台在全球范围内实现品牌信息的迅速传播。这种传播模式具有强大的裂变潜能,使得精确计算投资回报率变得困难。然而,通过综合运用定量和定性的评估方法,可以对其真正的价值进行一个相对全面的评估,为品牌方的营销策略提供更有力的决策依据。定量衡量主要基于一系列具体的数据指标来评估KOC营销的实际效果,例如,统计参与活动的用户数、点击率、转发次数、互动频率以及实际下单量等,从而判断活动的影响力和实际成效是否达到预期。这些数据可以提供关于KOC营销对品牌带来的实际效益的清晰视图,用于计算投资回报率。定性方法是衡量KOC在营销活动中投资回报率的另一种途径。定性衡量更注重品牌形象、消费者忠诚度以及市场口碑等无形资产。通过深入的定性评估,可以更好地了解KOC营销对品牌长期发展所带来的深远影响,并从中洞察可能被忽视的投资回报。这种投资回报率的评估通常比定量方法更为复杂,需要在品牌和消费者之间建立紧密的联系,并在长期内进行衡量。

KOC和KOL结合营销影响消费者的购买决策

KOC相对于KOL在影响其他消费者方面具有更真实有效的能力,从营销投放的性价比来看,KOC的性价比相对较高。那么,品牌应该如何最大化利用KOC来实现营销效果呢?2021年9月,S公司与KOC和KOL合作,在社交媒体平台上进行了一场"S公司S电视产品(本次活动宣传的主产品)社交媒体营销活动"。在这项活动中,KOC和KOL共同发挥了作用,在此与读者分享。

S公司的电视产品属于IT 3C家电类产品行业,这个行业具有销售环境变化迅速、技术更新频繁、竞争激烈以及对产品质量要求高等特点。特别是在这次活动中,S公司推广的S电视产品是其旗下创意设计类电视,目标人群是追求时尚/个性生活方式的女性消费者,因此在社交媒体平台上的推广尤为关键。同时,S公司一直处于中国电子产品领域本地化数字营销的领先地位。作为全球数字电子的领军企业,S公司拥有高精准度和完整度的数据资料,为我们探索KOC在品牌社交媒体营销中对消费者购买决策的影响提供了得天独厚的条件。在数据收集和样本选择方面,我得到了"S公司S电视产品社交媒体营销活动"的结案报告数据支持(感谢S公司对学术研究的支持)。

"S公司S电视产品社交媒体营销活动"的时间跨越了2021年9月至12月,覆盖了秋季和购物高峰期"双十一"。所选择的社交媒体平台包括小红书、抖音和B站。该活动的核心目标是围绕电视品牌的设计理念,在各大社交媒体平台上开展内容开发和推广,以吸引更多用户关注,推动销售增长,为品牌发展作出贡献。具体细分目标如下:

• 对消费者的影响:拓宽注重设计风格电视消费者的需求。

• 对市场的影响:提升该品牌电视在市场上的知名度,并推动销量增长。

该活动的策略方向是通过持续的营销策略,在社交媒体上聚焦传播具有真实影响力的消费者主导的内容,以创造显著的话题热度,并在此基础上进行自我推动的活动。具体策略包括:

• 构建可持续营销平台:建立一个持续活跃的宣传平台,提高产品知名度并推动销售。

• 内容制作(以实际消费为主导):鼓励真实的消费者围绕该

电视设计制作内容,特别是针对年轻女性群体形成广泛的共识。

- sell out[①] 连接:在社交媒体平台上制作与销售相关的内容,不断推动线上和线下销售的增长。

该活动的目标人群主要是 26—39 岁追求时尚、个性生活方式的女性,可细分为:

- 26—39 岁中产女性,有子女,注重个人爱好和品位。
- 28—39 岁单身女性,对咖啡、美容和艺术有浓厚兴趣,偏爱独特的生活方式。
- 30—39 岁女性,情感丰富,多为自由工作者、KOL 或摄影师。

本次活动邀请了 50 位 KOL 和 40 位 KOC(涵盖家庭装修、生活方式、时尚、新婚/独立等领域),让他们在小红书、抖音和 B 站社交媒体平台上分享真实的体验内容。S 公司将引导 KOL 和 KOC 加强体验分享,以触发"经验→搜索"的良性循环,确保 S 产品特点能够自然融入使用场景中,从而提高社交平台上的 S 产品曝光度和话题热度。为了保持内容的质量和一致性,S 公司针对各平台特色和 KOL 类型制定了详细的内容指南。这次活动证明了将 KOC 和 KOL 结合起来的策略在营销中的有效性,不仅提升了品牌知名度,还直接推动了销售增长,主要取得了以下成果:

- KOL 和 KOC 共计 90 人发布了 373 篇文章,产生了 2 699.5 万次曝光量,达成预期的 296%。

---

① sell out 直译为"卖光"或"售罄"。在商业和营销语境中,它通常用来表示商品或服务在短时间内被消费者抢购一空,即库存为零的状态。例如,当一款新产品发布或进行促销活动时,如果消费者需求非常高,商品可能会迅速 sell out。

- 活动整体获得的关注总数达到107.8万,达成预期的395%。
- 总目标受众展示量约达到5 500万,达成预期的124%。
- 总点击次数达到56.6万,达成预期的140%。
- 售出了S电视各类产品共计2 397台,其中本次活动主推广的S产品总销量为1 419台,同比增长率为61%,即与2020年相比,销售增长了61%。

表8-1 "S公司S电视产品社交媒体营销活动"整体执行结果

品牌推广（种草）	KOL和KOC内容分享	• 曝光量达到2 699.5万,达成率为296% • 关注人数达到107.8万,达成率为395% • 内容转发/二次使用数量为8.3万次
	活动前后社交指标的变化	• 发布数量增加了272%,转化率增加了7倍以上 • 提高了对产品感兴趣的人群比例,并改善了内容质量
市场营销目标	天猫、京东、小红书、官网	• 触达人数为5 478.6万,达成率为124% • 点击次数为56.6万,达成率为140% • 千人成本(CPM)为50.20,达成率下降了26% • 电视总订单数量为2 397台,达成率为145% • 电视总销售额为1 308.8万元,达成率为114%
	投资回报率（广告支出回报）	• 4.36,达成率为111% • 其中天猫为12,官网为3.3,小红书为0.36,微信朋友圈为0.12。以小红书和微信朋友圈为核心平台

(续表)

销售计划	小红书开店（限量预售）	● 在10月11日开店时售罄 ● KOL和KOC发布与实际生活贴合的内容 ● 打造可持续销售平台
	KOC销售	● 与KOC销售相关的活动中，S产品总销售量为38台，销售额为285万元 ● 其中43英寸销售量为24台，55英寸销售量为12台，65英寸销售量为1台，Frame 65英寸销售量为1台
	直播	● 进行6次现场直播：小红书KOL直播3次，KOC直播3次

在"S公司S电视产品社交媒体营销活动"中，KOL和KOC的传播具有不同的时间周期（如图8-3所示），这为分析和比较两者的营销效果提供了可能性。

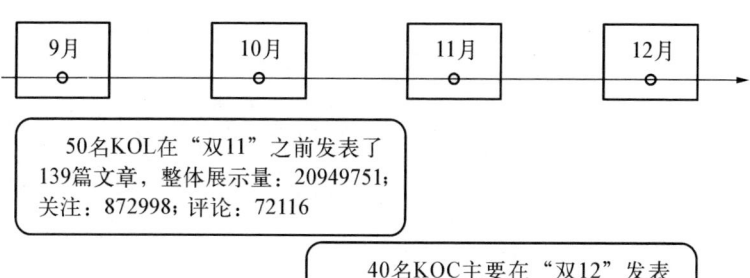

9月　　10月　　11月　　12月

50名KOL在"双11"之前发表了139篇文章，整体展示量：20949751；关注：872998；评论：72116

40名KOC主要在"双12"发表234篇文章，整体展示量：6005760；关注：205348；评论：10964

图8-3　"S公司S电视产品社交媒体营销活动"KOL和KOC传播周期

表 8-2 "S 公司 S 电视产品社交媒体营销活动"
KOL 和 KOC 组合营销结果数据对比

数据	KOL	KOC	结果
数量与合作平台	50 名：小红书 45 名、抖音 4 名、B 站 1 名	40 名，全部在小红书上发布内容	KOL 数量多于 KOC，且合作平台更加多样化
内容发布量	发布 139 篇内容	发布 234 篇内容	KOC 的内容发布量明显高于 KOL
曝光量	20 949 751 次，达成率 246%	6 005 760 次，达成率 1 001%	KOL 的曝光量绝对值高于 KOC，但 KOC 的曝光达成率更出色
关注与评论	872 999 关注，达成率 342%；72 116 条评论	205 348 关注，达成率 1 141%；10 964 条评论	KOL 在关注和评论的绝对值上都高于 KOC，但 KOC 在关注人数的达成率上显著超过 KOL
内容策略与目标	内容主要聚焦于对 S 产品的专业细致评价，旨在提高 S 产品的认知度并吸引更多用户参与。利用具有特色的关键词进行传播	更注重用真实和真诚的内容与目标客户群建立共鸣和亲密关系	两者在内容策略上有所不同，各有侧重点
内容二次分享与利用	对前 5 位 KOL 的内容进行二次分享和利用	对前 5 位 KOC 的内容进行二次分享和利用	两者在优质内容的利用上采取相同的策略

总的来说，KOL和KOC在不同指标上表现出不同的优势。KOL在某些指标上具有绝对领先优势，而KOC在内容发布量、曝光达成率和关注达成率方面表现出色。两者在内容策略和优质内容利用上有不同的侧重点，但都注重与目标客户群的互动和共鸣。就销售额而言，在网上商城方面，2021年9—12月的电视总销售额比2020年9—12月增长了3%。其中，S公司的电视销售增长显著，达到了298%。在线下销售方面，电视销售额同期对比增长了41%，而S电视产品销售同期对比增长了325%。从销售数量来看，同期网上商城的电视销售总量增长了102%，而S公司的电视销售数量增长了274%。

通过"S公司S电视产品社交媒体营销活动"可以看出，为了更有效地与消费者沟通并推动销售，品牌方采取了KOL与KOC结合的社交媒体营销方式，以实现品牌传播和产品销售的双重目标。品牌方的KOL+KOC组合营销策略可以总结为以下几个方面：

• 无论是KOL还是KOC，都发布围绕统一品牌体验和主题的内容，体现了社交媒体内容传播的一致性。

• 在使用KOL+KOC组合营销策略时，时间周期互补。具体而言，在9月至10月期间，品牌方主要依赖KOL进行内容传播，在11月至12月期间转向使用KOC。这种互补性策略确保了品牌长时间在社交媒体上保持存在感。

• 先KOL，后KOC。品牌方首先利用KOL的广泛影响力覆盖目标受众，并传播核心话题，从而在社交媒体平台上扩大影响力和知名度。随后，品牌方利用KOC与消费者建立深度联系，并通过真实、可信的内容与消费者产生共鸣,以增强消费者对品牌的认同感和亲密度,进而促进产品销售和忠诚度的提升。

● KOL 和 KOC 分享的内容展现出不同的角度。KOL 的内容通常更加专业和详细,而 KOC 的内容则更注重真实性和可信度。这种分享角度的差异有助于品牌在社交媒体平台上传递更全面和多样化的信息,以满足不同消费者的需求。

如上所述,KOL + KOC 的组合营销策略是一种多层次、多阶段的策略。它不仅在时间上进行规划,还在内容的深度和广度上进行了细致的布局。

结 语

发掘 KOC 与品牌营销的新结合点

数字营销专业人士需要紧跟互联网行业的发展趋势,敏锐地洞察市场的变化。根据国家统计局和中国互联网络信息中心于 2023 年 1 月发布的数据,2022 年中国社会消费品零售总额的同比增速出现了显著波动。同时,互联网用户规模和人均使用时长的增长率也在逐年下降。这些变化不仅凸显了数字化时代市场的不稳定性、不确定性、复杂性和模糊性,也强调了持续学习和适应这些变化的必要性。

在当前的互联网环境中,随着人口红利逐渐减弱,品牌营销正朝着追求更高确定性、精细化运营和效果的方向发展,从品效合一转向品效协同。营销人员正在采用场景营销的方法,为品牌提供具有确定性的营销解决方案,精准定位目标人群,让品牌在无形中渗透到人们的生活;同时利用各种不同的媒介和多种营销组合方式,推动品牌和效果的协同增长。在这个过程中,KOC 的作用不容忽视。审美情绪①在营销中也扮演越来越重要的角色。艺术家在创作中受到审美情绪的影响,通过作品与观众建立情感共鸣。同样,审美情绪可以激发消费者对品牌和产品的情感共鸣和认同,从而提升营销效果。

展望未来,KOC与品牌营销将发展出多元化和创新性的结合点。品牌方有可能与KOC合作,共同打造更具创意和吸引力的营销内容,通过社交媒体平台将品牌推向更广泛的受众。同时,借助审美情绪的力量,品牌有望与消费者建立更深层次的情感联系,提高消费者的忠诚度和品牌声誉。此外,我们还可能看到更多品牌在营销策略中融入正确的议题和价值观,以吸引和留住消费者,实现商业价值和社会价值的共赢。

---

① 审美情绪是指人们在欣赏、体验艺术、美学作品或其他引发美感的事物时所产生的情绪体验。它是一种与审美体验和美感相关的情感状态。审美情绪可以包括对美的欣赏、赞美、喜悦、兴奋、感动等感受,也可以涉及对作品或物体所传达的意义、情感或思想的共鸣和感受。审美情绪可以是积极的,让人感到愉悦和满足,也可以是复杂的,引发深思和反思。不同的人对于不同的艺术形式、风格或主题可能会产生不同的审美情绪体验。审美情绪是人们与艺术和美感交互的一种重要体验之一。

附　录

附录一：KOC概念定义和KOC人群画像勾勒

- **采访对象**

本研究采访了中国数字营销专家,包括首席执行官/总裁、市场/销售副总裁、媒介总经理,共计69人(其中包括8名品牌方数字营销负责人、28位来自20家互联网媒体广告公司的营销专家、2名来自1家互联网搜索媒体的高管以及33名KOC)。

- **采访时间**

本次采访从2021年6月份持续至2022年4月份,历时9个月。

- **研究设计**

本研究主要采用了三角论证的方法,从品牌方、广告代理方(广告公司/媒体)和KOC本身三个不同视角进行论证。通过访谈的形式对KOC概念定义的延展和KOC人群画像的勾勒进行研究。共计设计了 15 个问题,考虑到广告代理方包含海外代理商,还特别设置了国籍相关问题。

附表 1-1 问卷样稿

序号	采 访 问 题 设 计
1	您听说过 KOC(Key Opinion Consumer,关键意见消费者)吗?
2	您理解什么是 KOC?
3	您觉得在您的行业 KOC 概念常用吗?
4	您觉得这个概念是否有存在的价值?为什么?
5	您觉得 KOC 和 KOL 有差别吗?KOC 和 KOL 的差别是什么?
6	您觉得 KOC 还有哪些接近的概念?
7	您认为 KOC 会对销售产生影响吗?为什么?
8	您的品牌名称(简称)/行业?
9	您的性别?
10	您的年龄?
11	您的公司类型?
12	您的职位?
13	您的行业?
14	您的城市?
15	您的国籍?

附表 1-2 样本基本情况

项　　目	类　　别	人　数	占　比
1. 性别	男	33	48%
	女	36	52%
2. 年龄	18 至 22 岁	7	10%
	23 至 30 岁	26	38%
	31 至 40 岁	27	39%
	41 至 50 岁	8	12%
	50 岁以上	1	1%
3. 类型	KOC	33	48%
	广告公司/媒体	28	41%
	品牌方	8	12%
4. 职位	首席执行官/总裁/总经理	15	22%
	KOC	33	48%
	副总裁/CMO	8	12%
	媒介经理	2	3%
	总监	11	16%
5. 行业	3C 数码	2	3%
	4A/数字营销	7	10%

(续表)

项　目	类　别	人　数	占　比
5. 行业	本土/数字营销	12	17%
	房地产	2	3%
	海外业务/数字营销	4	6%
	健康	1	1%
	美食	5	7%
	美妆	15	22%
	汽车	1	1%
	日用品	1	1%
	奢侈品	1	1%
	搜索媒体	2	3%
	体育	3	4%
	音乐	2	3%
	游戏	8	12%
	招商行业/数字营销	3	4%
6. 城市	鞍山	1	1%
	北京	30	43%
	广州	8	12%
	杭州	2	3%
	南京	4	6%

(续表)

项目	类别	人数	占比
6. 城市	上海	11	16%
	深圳	2	3%
	天津	1	1%
	香港	1	1%
	长沙	8	12%
	郑州	1	1%
7. 国家或地区	加拿大	1	1.4%
	中国香港	1	1.4%
	中国内地	67	97.1%

附表1-3 问卷结果描述性分析

序号	项目	类别	人数	占比
1	您听说过KOC(Key Opinion Consumer,关键意见消费者)吗？	听说过	69	100%
		没听说过	0	0%
2	您理解什么是KOC？	KOC就是消费者	69	100%
		私域流量/自媒体/直播带货/垂直领域专家	50	72%
		消费领袖	2	3%
		大牌平替	1	1%

(续表)

序号	项目	类别	人数	占比
2	您理解什么是KOC?	传统继承	1	1%
		口碑/种草	10	14%
		产品试用体验者	4	6%
		拼团团长	1	1%
3	您觉得在您的行业KOC概念常用吗?	常用	3	4%
		不常用	66	96%
4	您觉得这个概念是否有存在的价值?为什么?	有价值	69	100%
		没价值	0	0%
5	您觉得KOC和KOL有差别吗?KOC和KOL的差别是什么?	有区别	69	100%
		KOC和KOL的差别1：KOC属于消费者；KOL少部分属于消费者,粉丝数多	69	100%
		KOC和KOL的差别2：KOC与消费者互动性强,KOL少部分与消费者互动且互动性低	69	100%
		KOC和KOL的差别3：KOC品牌付费少,KOL品牌全付费	69	100%
		KOC和KOL的差别4：KOC影响消费者的购买决策强,KOL影响消费者的购买决策弱	69	100%

(续表)

序号	项 目	类 别	人数	占比
6	您觉得KOC还有哪些接近的概念?	素人/小KOL/UP主/达人/网红/博主/QQ时代的群主/饭圈/Influencers/产品试用体验者	69	100%
7	您认为KOC会对销售产生影响吗?为什么?	会对销售产生影响	69	100%
		不会对销售产生影响	0	0%
		原因1:KOC就是消费者,分享真实产品试用感受,信任度高	69	100%
		原因2:KOC与消费者互动高	69	100%
		原因3:口碑效应	69	100%

附表1-4 是否听说过KOC的验证

序号	项 目	类别	品牌方 人数	品牌方 占比	广告代理公司/媒体 人数	广告代理公司/媒体 占比	KOC 人数	KOC 占比
1	您听说过KOC(Key Opinion Consumer 意见消费者)吗?	听说过	8	100%	28	100%	33	100%
		没听过	0	0%	0	0%	0	0%

附表1-5 对KOC理解的验证

序号	项目	类别	品牌方 人数	品牌方 占比	广告代理公司/媒体 人数	广告代理公司/媒体 占比	KOC 人数	KOC 占比
2	您理解什么是KOC?	KOC就是消费者	8	100%	28	100%	33	100%
		私域流量/自媒体/直播带货/垂直领域专家	1	13%	15	54%	21	64%
		消费领袖	0	0%	0	0%	1	3%
		大牌平替	1	13%	0	0%	0	0%
		传统继承	0	0%	1	4%	0	0%
		口碑/种草	5	63%	10	36%	9	27%
		产品试用体验者	1	13%	2	7%	1	3%
		拼团团长					1	3%

附表1-6 对KOC概念是否常用的验证

序号	项目	类别	品牌方 人数	品牌方 占比	广告代理公司/媒体 人数	广告代理公司/媒体 占比	KOC 人数	KOC 占比
3	您觉得在您的行业KOC概念常用吗?	常用	1	13%	2	7%	33	100%
		不常用	7	87%	26	93%	0	0%

附表1-7 对KOC概念存在价值的验证

序号	项目	类别	品牌方 人数	品牌方 占比	广告代理公司/媒体 人数	广告代理公司/媒体 占比	KOC 人数	KOC 占比
4	您觉得这个概念是否有存在的价值?为什么?	有价值	8	100%	28	100%	33	100%
		没价值	0	0%	0	0%	0	0%

附表1-8 对KOC和KOL差别的验证

序号	项目	类别	品牌方 人数	品牌方 占比	广告代理公司/媒体 人数	广告代理公司/媒体 占比	KOC 人数	KOC 占比
5	您觉得KOC和KOL有差别吗?	有区别	8	100%	28	100%	33	100%
		没区别	0	0%	0	0%	0	0%

附表1-9 对KOC和相关现有概念接近的验证

序号	项目	类别	品牌方 人数	品牌方 占比	广告代理公司/媒体 人数	广告代理公司/媒体 占比	KOC 人数	KOC 占比
6	您觉得KOC还有哪些接近的概念?	素人/小KOL/UP主/达人/网红/博主/QQ时代的群主/饭圈/influencers/产品试用体验者	8	100%	28	100%	33	100%

附表1-10 对KOC对销售产生影响的验证

序号	项目	类别	品牌方 人数	品牌方 占比	广告代理公司/媒体 人数	广告代理公司/媒体 占比	KOC 人数	KOC 占比
7	您认为KOC会对销售产生影响吗？	会影响	8	100%	28	100%	33	100%
		不会影响	0	0%	0	0%	0	0%

附录二：访 谈 概 要

品牌方：KOC的营销价值，目前还处在探索阶段

三星中国 Social Listening Director S 先生：KOC是一种重要的营销资源，他们能够发布真实的产品试用体验文章和评论。尽管KOC的粉丝数量通常不超过5万，但他们的粉丝黏性较强，这使得KOC在营销领域具有一定的价值。目前，三星电视产品开始尝试和探索使用KOC进行营销推广，主要是通过提供小礼品和产品购买优惠券来激励KOC参与。这些KOC是三星产品的忠实消费者，他们热衷于分享三星产品的优点和使用体验。在三星的产品营销推广中，KOC被认为是非常有价值的资源。三星电视和其他三星产品开始使用KOC进行社交媒体营销推广，并取得了良好的效果，带动了销售增长。三星电视韩国市场也开始关注KOC的价值。尽管在韩国找到忠实的三星消费者作为KOC进行直播推广的费用较高（一次20分钟的网络直播大约需

要 5 万元人民币),但市场营销领域对 KOC 的兴趣仍在增长。与 KOC 概念相近的还有 KOL 和 influencers(影响者)。未来 KOC 的价值可能会超过 KOL。尽管 KOL 拥有更多的粉丝和更广泛的影响力,但 KOC 的意见更真实,更容易影响消费者的购买决策。举例来说,在一次三星平板电视的推广活动中,使用 KOC 之前两个月销售为零,而在 KOC 的视频推荐之后的两个月内销售超过 20 台。这种真实的场景拍摄和分享,无疑增强了消费者对产品的印象,最终影响了他们的购买决策。

奔驰中国 A 先生: 不论是已购买奔驰车的消费者,还是那些被邀请的消费者,都会帮助奔驰发布与驾驶感受和推荐相关的内容。KOC 的概念具有很高的价值。由于全球经济受到疫情的影响,消费者对高端品牌车的消费意愿也有所下降。因此,奔驰需要通过消费者真实的体验来影响那些有购车需求的人,而 KOC 正是能够提供这种真实体验的重要资源。KOC 发布的试乘试驾感受非常真实,他们对销售产生了影响。在 2021 年 11 月 18 日的广州车展上,奔驰利用 KOC 进行了现场直播。

融创地产市场总监 W 先生: KOC 可以被看作是小 KOL,在小红书平台上,大部分用户都是 KOC。我听过的一个演讲提到,一个新的消费品牌上线的第一步是通过 500 个 KOL 和 5 000 个 KOC 的传播来形成社交声量。这种矩阵级别的传播可以在知乎、小红书、虎扑、微博和抖音等平台上实现。根据我的经验,未来的数字营销应该按照 1∶10 的比例来分配 KOL 和 KOC 的营销费用，合理的费用分配应该在 8—12 倍之间。KOC 的概念非常有价值。KOC 与"大牌平替"的概念相似。尽管 KOC 和 KOL 在某些方面存在差异，比如粉丝数量和行业专业术语的使用不同，但 KOC 更能够从普通消费者的角度真实的推荐他们使用过的产品。KOL 更加专业，商业化程度也较高，KOC 的反馈更加真实可信。可以将 KOC 视为成长中的 KOL。此外，KOC 对销售会产生一定的影响。KOC 的营销价值目前还处在探索阶段，不过目前已经显示出一定的潜力。

360 智慧生活集团前市场部负责人李佼女士： 从营销趋势来看，KOC 的兴起是与时代背景密切相关的，可以说是一种必然结果。随着技术的进步和媒介形式的不断更新迭代，智能手机和互联网的普及使得每个人都能成为信息源和自媒体，实现随时随地的表达和分享。中心化媒体的时代已经结束，面对信息大爆炸，企业营销人员需要对消费者有更深入的了解，以合理分配营销资源来实现增长。Z 时代已经成为消费主力群体，他们更加注重产品的真实体验，会提前做功课、做对比，再做出购买决策。这个过程是企业营销人员需要重点关注的，企业应该通过 KOL、KOC，以及真实的购买用户来发布产品使用体验，实现产品推广和口碑塑造。相较于企业制作的宣传内容，达人的推荐更加生动、贴近生活、个性化，具有极强的互动性和真实感，使潜在客户对产品有更深入的了解。互联网大数据技术的应用使得企业能够通过 KOL 和 KOC 的营销手段更精准地触达目标客户，从而大幅提升了营销效率。KOL 和 KOC 在营销中具有不同的价值，企业制定营销策略时需要综合考虑阶段目标、预算情况、产品差异化和产品客单价等多个因素。通过不断尝试不同粉丝量级的达人组合，企业可以找到最佳组合方式来实现增长目标。虽然 KOC 的营销价值目前还处于探索阶段，但已经显示出其潜力和重要性。企业可以与不同级别的达人合作，利用他们的影响力和真实体验来推广产品，从而实现更精准、高效的营销效果。

欧莱雅中国媒体经理 L 先生：在美妆行业中，经常听到并使用 KOC 这一概念。KOC 是在特定领域内基于个人体验总结并分享观点的消费者，能够引起小部分人的共鸣。KOC 的存在是有价值的，因为存在即合理。与 KOL 相比，KOC 在粉丝数和影响力方面存在明显区别。虽然 KOC 的营销覆盖面不如 KOL 广泛，粉丝数量相对较少，但如果有负面信息对品牌形象产生影响，KOC 的影响力会相对较大。

W 公司健康产业市场副总裁 X 先生：KOC 可以被视为消费者领袖，是某些品类和领域具有高影响力的用户。他们的主要特点是在特定品类中具备独特的影响力，能够影响朋友、粉丝甚至陌生人对商品信息的信任程度。KOC 的概念在消费品领域经常被使用，例如在评论管理或者吸引陌生顾客和引流之时。KOC 的概念具有价值，尤其是在当前社交媒体非常流行的情况下。由于消费者对品牌广告的信任度下降，他们更倾向于基于信任和熟人的介绍来选择产品和服务。因此，KOC 能够发挥其在消费决策上的价值，对销售产生影响。与 KOL 相比，KOC 的营销功能相对较弱。KOL 的意见具有价值并会被广大群众采纳,这源于他们在所在领域的杰出地位。KOL 是专家,以独立个体的身份被大众接受。KOL 通常在品类中投入时间较长,具有丰富的知识和经验,并且非常开放,其营销功能非常强大。KOC 的概念与一些其他概念相似,例如种子用户、重度用户、忠实粉丝等。KOC 的影响力可以影响品牌的声誉和消费者的信任程度。

J 公司生活用纸市场总监 L 先生:KOC 是产品的使用者,类似于小红书上的笔记作者。尽管 KOC 的知名度相对于 KOL 较低,但在快速消费品行业中仍经常使用。KOC 的概念具有一定的价值,从市场营销的角度来看,KOC 的推广成本较低,同时可以覆盖广泛的受众。关于 KOC 和 KOL 的比较,可以从共同点和差异点两个方面进行探讨。在差异方面,KOL 的投入成本较高,而 KOC 可能在专业性方面稍逊一筹;在共同点方面,两者都能起到宣传效果和话题发酵的作用。KOC 能够对销售产生影响,因为始终会有一部分消费者认同 KOC 的意见,特别是在当前种草营销泛滥的环境下。

路易·威登中国搜索媒体 M 女士:听说过 KOC,但在奢侈品行业中目前并不常使用该概念。KOC 是热衷于分享的消费者,具有少量粉丝但高度忠诚的特点。目前有一些快速消费品牌正在尝试探索 KOC 的营销影响力;KOC 与新兴博主的概念有些相似。KOC 具有一定的价值,他们分享自己的实际经验,粉丝更容易与他们产生共鸣。KOC 和 KOL 之间也存在一些差异。

KOL 的营销痕迹更为明显,他们往往没有时间真正体验产品,而 KOC 则可以提供使用心得,使粉丝更容易相信营销内容。如果产品本身优秀,并且 KOC 分享的都是产品的优点,这对品牌的长远建设和声誉肯定是有益的。此外,对于拥有多个 SKU 的品牌来说,KOC 可以帮助公众发现他们平常不知道的产品。

互联网企业:只有在互联网 KOC 才有说话的场地

360 集团副总裁、商业化总裁李文智先生:KOC 是具备一定影响力的消费者,在互联网社交媒体平台上拥有一定数量的粉丝和深度用户身份。他们通过论坛、微博、微信朋友圈等传播渠道进行内容传播,从而影响其他消费者的购物决策。品牌方会对用户进行分析和细分,借助 KOC 进行营销运营,最终实现更多的商业变现。这种营销模式更偏向于口碑营销。另一种营销模式是内容营销或 KOL 营销。在这种模式下,一些厂商会生产自测内容,通过 KOL 传播给消费者,然后依靠消费者的自传播来影响越来越多的潜在用户,从而实现更多的商业变现。以小米产品为例,厂商通过对产品的内测和公测进行产品测试,生产出自测内容,并由雷军(KOL)通过线上和线下的活动传播给用户。用户在购买并使用产品后进行自传播,实现产品的商业变现。在 KOC 和 KOL 营销中,互联网媒体起着重要的作用。只有在互联网媒体平台上,KOC 才有足够的空间和影响力来发表意见、分享经验并影响其他消费者的购物决策。这与传统媒体时代不同,互联网媒体的开放性和互动性为 KOC 提供了更广阔的舞台。因此,品牌方和营销人员需要认识到互联网媒体的价值,并积极探索与 KOC 和

KOL的合作方式,以提高品牌知名度并实现更多的商业变现。

360集团总裁助理杨苗女士:中国KOL和KOC的快速发展主要归因于改革开放带来的物质经济水平的显著提升,中国人民变得更加富裕。中国最早的一批KOL主要是港台明星,这反映了经济发展对KOL的推动作用。中国KOC的崛起也与中国经济的腾飞密不可分。追求KOC的人群主要是40岁以下的年轻人,特别是"90后"和"00后",他们成长在中国经济已经取得显著成就的时代,对中国有着空前的民族自豪感,更倾向于支持国产品牌。KOC是伴随着互联网发展而兴起的,并且只有在互联网的环境中,KOC才有足够的平台和机会发声。在搜索媒体领域,KOC的概念并不常用,因为缺乏相应的平台和土壤,但在中国,社交媒体正逐渐成为KOC的主要发展方向。引用刘润在一次网络发言中的话来说,"所有在淘宝上发生的事情,最终都会在直播电商上重演",直播电商是这一代互联网的终极形态。关于KOC的价值,有几个方面:(1)KOC通过短视频赢得用户的信任,虽然信任本身不足以支撑商业模式,但可以为后续的直播和销售奠定基础。(2)从数字营销的角度来看,KOC具有价格优势,能够在短视频和直播的红利期为普通用户带来优惠。(3)KOC与粉丝之间的互动和信任关系比KOL更强,因为他们的推荐更加真实、亲切,并且可以提供实时的交流和搭配建议。关于KOC和KOL之间的差异,主要有粉丝数量和人设的不同。人设对于用户是否会追随和付费至关重要。KOC更接近商业变现,更容易在产业链上赚到钱并保持持久性。虽然KOL在影视行业可能表现出色，但在直播领域不一定具备同样的优势。相反，一些没有影视背景的 KOC 在直播领域取得了显著成功。抖音和快手等平台也在推动普通人进入直播电商领域。KOC 对销售具有重要影响。以欧莱雅"双 11"的活动为例，品牌自播和 KOL/KOC 之间需要权衡。大品牌通常更依赖于品牌自播，因为他们掌握着整个供应链。少数成功的 KOC 有可能转变为 KOL 并在供应链上获得话语权。KOL 和 KOC 将会共存，KOC 的直播占比一定会更大。

广告代理公司：KOC 的管理难度大、维护成本高

群邑集团搜索和平台服务董事总经理许宏伟先生：KOC 就是买过产品或者使用过产品的消费者，他们使用产品后愿意把使用感受分享出来，去影响周围的人。KOC 虽然没有大量的受众，但是距离消费者最近。比如周围朋友、朋友圈、小红书用户，这些渠道的用户都会被 KOC 所影响。KOC 在 4A 广告公司中目前并不常用，但是我们也开始关注 KOC 的数字营销价值。目前我们比较广泛使用 KOL，但 KOL 对产品的理解深度不够，对用户理解并不深。如果将来效果营销比如搜索优化能使用 KOC，通过他们去输出我们要表达的文章和观点，使有需求的用户能第一时间在网上找到我们对产品观点描述等相关正向文章，那么这样 KOC 的营销价值就会真正体现。目前 KOC 距离媒介采买有点远，还没有形成付费采买的关系，将来应该会，因为 KOC 距离用户效果体验更近，更容易影响到目标消费者，广告主应该愿意去尝试将 KOC 拉入数字营销链路中。目前，我们内部开始尝试培养自己的员工成为 KOC，如果这种模式能培养成功，效果营销效果可能会更好。虽然这样的员工 KOC 数量非常少,但是经过我们的培养,对目标消费者的影响应该会比较深入,会帮助我们未来去探索培养更多 KOC 以探索其营销价值。4A 广告公司对于 KOL 媒介采买比较多,KOL 是 4A 广告公司连接品牌和效果营销的点。其实在对 KOC 的关注方面,我们也并没有期望 KOC 投放后要有投资回报率转化,但是未来如果通过 KOC 投放可以使用户在类似小红书这样的社交媒体上搜索时有话题可讨论,那就会形成一种产品推广的社会化媒体营销布局。KOC 有存在价值,在社交媒体平台上口碑传播的效果要比转化重要,KOC 就具有这样的口碑传播效果。KOL 影响力仅限于让用户知道了这个产品,用户没办法了解更多,但用户可以通过 KOC 去了解更多,因为 KOC 距离消费者更近。KOC 在数字营销链路中起到很重要的作用,因为社会化媒体营销中间传播环节很重要,KOC 会在此环节具有加持和完善传播信息的作用。KOC 和 KOL 有一定的差别:

- 作用不同。KOL 在品牌曝光、让用户在对品牌产生兴趣方面更快,KOC 影响力更深入,距离更近,更细腻。
- 营销链路不同。KOL 更前端,对品牌的消费者认知作用更大;KOC 对于消费者斟酌、购买下单的作用会更大。
- 营销人群不同。KOL 用户量级大,KOC 用户量级小,但是后者所能营销到的用户是对产品和服务感兴趣的目标消费者。从效果营销的营销链路来看,KOL 和 KOC 具有漏斗的关系,从广度再到深度渗透。
- KOC 的概念和内容营销比较接近。KOC 更多是内容营销层面的,他们发布的亲身体验软性文章发自用户视角,是对产品和服务的认知,对消费者有种草作用。KOL并不能达到种草的阶段。KOC会对销售产生影响,KOC是品牌从消费者认知到销售的一个中间环节,非常重要。很多用户在意在买了产品之后到底如何？早期用户通过BBS了解产品,当时的信息更粗糙一些,现在都是通过类似小红书这样的社交媒体平台去了解,而KOC恰恰在这样的社交媒体平台分享很多真实感受,因此KOC可以通过类似小红书、朋友圈等社交媒体平台帮助用户缩短消费决策链路,从而促进销售。

宏盟媒体集团北京公司数字媒体采买负责人王小行先生: KOC的核心身份是消费者,他们拥有自身的品牌偏好、一定的影响力,并且热衷于分享。随着短视频的快速发展,KOC的活跃度逐渐增加。特别是在汽车行业,自2021年以来,对KOC的关注度逐渐提高,因为KOC能够结合汽车卖点和生活场景,向消费者推荐驾驶感受,对汽车销售产生积极影响。KOC的存在具有一定的价值。随着消费升级和社交媒体平台的不断演进,品牌目标消费者获取信息的方式发生了显著变化。尤其是在汽车领域,消费者更希望与品牌进行平等的沟通,而不再单纯接受广告的轰炸。KOC能够满足这一需求,通过分享真实的使用感受和经验,为消费者提供更具体、更贴近生活的建议。KOC和KOL之间存在明显差别。KOL更像是职业球员,以此为职业,具备更强的专业性和更多的粉丝。而KOC更像是足球爱好者,更亲民、更贴近普通消费者。实际上,KOC最早起源于QQ时代的群主,他们是最原始、最基础的KOC。他们在自己的兴趣群中拥有话语权，追随者也会听取他们的意见，他们对这部分人群的影响力相对较大。微信群中的KOC通过直接发放优惠券等方式，能够直接影响销售。汽车行业也开始探索KOC在数字营销中的价值。管理KOC的难度较大，维护成本也较高。对于广告代理公司而言，如何有效地管理和维护KOC资源，并将其纳入数字营销策略，是一个需要认真考虑的问题。

华扬联众高级副总裁赵轶俊先生：KOC目前并不是品牌主动采用的营销方式，还未成为数字营销的重要组成部分。KOC的出发点是产品力，如果用户对产品感到满意，他们会自发进行分享。每个人都可以成为某个领域的KOC，这种分享行为并不完全受品牌控制，而是用户自发的行为。以餐厅点评为例，无论是在专业餐厅点评网站上发布评论，还是在微信朋友圈分享，大多数情况下都是用户自愿的行为，受到品牌营销的限制较少。由于KOC发布内容和评价的不可控性和偶发性，美妆领域的大品牌通常会向消费者寄送样品，如果消费者使用感受良好，他们会自发在社交媒体平台上分享试用体验。不同行业对KOC的应用程度有所区别。汽车行业正在关注KOC的营销价值，但仍处于探索阶段；美妆行业对KOC的关注和应用较快，但视品牌而定。高端品牌通常需要控制营销传播的语境，暂时对KOC的营销价值关注较少；大众化的品牌更加关注KOC。KOC和KOL之间存在重要区别。KOC是由下而上的，而KOL是由上而下的。KOC的价值在于其真实的说服力，比任何形式的品牌广告说服力都更强。不过,KOC也有其局限性,只能覆盖很小的范围。从KOC的最初定义角度来看,"每个用户自发分享"是KOC的核心概念,实际情况并非总是如此。用户的许多行为可能带有商业目的,KOC的最大价值在于引发人们的从众心理。以奢侈品为例,从众心理在消费决策中起着重要作用。大多数人通过观察他人的审美观来调整自己的审美观。因此,从众心理的角度来看,KOC对消费决策产生重大影响,中国人喜欢分享的特点使得KOC在中国有独特的发展。同时也提醒品牌一个问题,KOC可能会对品牌进行正面或负面评价,只有在付费情况下,KOC才可能只发表正面言论。假设品牌没有营销预算,未来KOC可能成为一种按效果付费的营销渠道。如果一个KOC能够销售2—3个产品,那么如果有几千个KOC进行直播带货,将会带来很大的产品销量,因此品牌应关注KOC的数字营销价值。KOC和KOL确实存在一定差异:首先是粉丝规模的不同,KOL拥有大量粉丝,KOC类似于长尾媒体的流量。随着时间推移,广告营销领域对KOL的认可度已经较深。对于品牌营销而言,KOL解决的是品牌认知和说服的作用,KOC期望解决的是公信力问题。未来,并非所有的KOC都是使用产品的消费者在免费发声,他们可能通过品牌支付报酬来进行社交媒体营销,例如发布文章等。对于品牌而言,KOC的管理较为困难,因为他们的言辞是无法完全控制的,而KOL则更注重保护自身形象,珍惜自己的羽毛,会发布符合品牌要求的可控观点和评价。基于这个问题,KOC的MCN机构可能会有增长的空间,通过机构化管理控制和提升KOC的质量。与KOC概念相近的网站联盟中的长尾网站,同样面临一些困境。这些小网站虽然拥有一定的受众和流量，但由于缺乏独立的销售能力，无法实现商业化。这些小网站只能依赖于大型联盟或机构，以期实现收入的增长。KOC若想在未来获得经济收益，可能需要加入某些专业机构，并经历一个系统的孵化过程。如果成功，他们有可能逐渐演变为KOL。KOC确实具备影响销售的能力，这主要归功于他们能够有效利用大众的从众心态。如果能够广泛运用KOC的影响力，品牌传播的范围可能会更广泛。但这也要求品牌必须拥有出色的产品，并确保存在复购的途径和充足的库存。小红书的美妆领域说明了KOC对销售产生的积极影响。目前在中国，尽管品牌通常不会为KOC的直播活动支付营销费用，但只要有销售产生，就会按照销售提成的方式给予KOC报酬。这种现象在当前中国非常流行的直播带货领域尤为突出。

电通集团效果营销高级副总裁叶忠鸣（Atlas）先生： KOC指的是那些能够通过分享自身消费体验影响更广泛人群的个人。广告营销行业对KOC越来越关注，并承认KOC具有重要价值。KOC的意见反馈更容易被广大网民和消费者接受和信任，从而提升潜在消费者对品牌的认可并促使他们进行购买。KOC对销售产生积极的影响。KOC和KOL之间存在一些区别，包括影响力大小、阐述意见的角度和定位，以及分享内容的规模等方面。明星代言和直播带货等营销方式与KOC的概念有相似之处。然而，KOC更多地以个人身份出现，通过真实的消费体验来影响他人。对于广告代理公司来说，管理KOC并维护与他们的关系是具有挑战性且成本较高的。鉴于 KOC 对销售产生的积极影响，品牌方仍需要认真考虑如何有效利用这个资源。

阳狮集团数字营销搜索账户主管（Digital Marketing Search Account Executive）Rosa Wei 女士：KOC 类似于中部网红，具备一定的带货能力，在声望和威信方面相较于头部网红有所欠缺。在广告行业中，KOC 的概念被广泛使用，并 KOC 具有重要的价值。在推广产品时，头部 KOL 主要起到引导和引流的作用，KOC 则在宣传中扮演着更为密集地散发内容传播的角色，针对感兴趣的用户大量输出内容，以实现传播和转化的效果。KOC 和 KOL 之间存在一些差异：两者的粉丝规模有很大的差别。KOL 通常拥有庞大的粉丝群体，享有高声望和威信；KOC 在这些方面相对较弱。尽管如此，KOC 对销售产生积极的影响。举例来说，如果一款新产品在小红书平台上得到 KOL 和 KOC 的广泛传播，这必然会引起关注。在这种情况下，尽管 KOL 的影响力更大并能带动大量销售，但 KOC 在小范围内的普及也能吸引更多潜在用户。对于广告代理公司来说，管理 KOC 并维护与他们的关系是具有挑战性且成本较高的。鉴于 KOC 对销售产生的积极影响，品牌方仍需要认真考虑如何有效利用这一资源。KOC 和 KOL 在影响力大小、阐述意见的角度和定位以及分享内容的规模等方面存在差异。

阳狮集团数字营销计划师账户经理（Digital Marketing Planer Account Manager）Mandy Zhang 女士：我在业务范畴内听说过

KOC。相对于KOL在社交媒体上拥有广泛的粉丝群体，KOC的粉丝量级较小且范围相对较窄。KOC更接近于实际用户分享的阶段，并在自己专长的领域（如母婴、食品等）具有一定的影响力，而KOL的影响力则更广泛。在我的业务领域中，KOC的概念是比较常用的。我专注于数字营销中的SEO部分，需要对一些内容进行二次分发。在进行分发时，由于预算有限，通常无法与KOL合作，KOC更适合进行对接做二次分发。KOC的专业优势会在特定领域凸显出来，比如在母婴、美妆或食品领域，都有专业的KOC人员能够圈定核心用户群体。KOC的概念具有存在价值。KOC和KOL之间存在明显的差别，主要是粉丝量级。社交媒体平台的差异也会导致KOL和KOC的区分。例如，在小红书平台上，许多KOL拥有大量粉丝关注，并通过视频博主带货转化，其影响力广泛，但对于品牌主来说成本较高。在知乎平台上，有许多KOC是知识内容分享的博主，他们可以将品牌内容集中在小规模核心用户群体中进行渗透推广，实现与精细用户的点对点转化。因此，KOC对销售转化的效果更好。KOC接近于意见领袖的概念，他们基于消费者的需求提供意见支持和引导，更能锁定核心用户群体。KOC影响的用户是其输出内容的定向精准人群用户，这些用户对KOC的需求很明确，通过KOC找到需要解答的问题。这种点对点的营销对接具有低成本优势，对于销售转化起到促进作用。

莫塞科公司首席执行官朱宏刚先生：在购物前，我通常会去"小红书""抖音"或"今日头条"上搜索KOC发布的相关视频或图文评测。KOC 和 KOL 之间存在一些区别：KOC 的粉丝数量较少，他们并不专注于某一特定品类或品牌，评测的产品也是他们自己购买和使用的，分享的是自己的实际体验。消费者对于 KOC 分享的内容更具可信度，因为这些内容没有太多商业推广的成分。消费者在购买前会查询多个 KOC 的评测内容，作为购买决定的参考。在我们的行业中，目前更多关注的是 KOL，毕竟意见领袖拥有大量粉丝和广泛的影响力，正面或负面评价对品牌和产品影响巨大。KOC 数量众多，不专注于某一品牌，因此对企业来说，维护 KOC 相对困难。在广告代理公司，特别是在中国，由于愿意支付服务费的客户有限，并且管理 KOC 也是一个烦琐耗时的过程，目前很少有代理公司帮助企业运营 KOC。如果未来有相应的工具或成熟的体系，可能会有更多企业或代理公司开始运营 KOC。现在的互联网时代已经不再是少数垂直门户网站或 KOL 提供内容的时代，许多消费者通过各种形式在互联网媒体上发布他们的消费体验。如果企业定义了自己的品牌 KOL 和 KOC，并统计了两者的内容观看/阅读数量，KOC 的整体影响力未必会比 KOL 差。如何使用合适的体系来管理 KOL 和 KOC，将成为企业是否能够维护良好的互联网品牌声量的重要因素（类似媒体渠道管理，如何管理 KA 代理和 SME 代理）。因此，KOC 的概念具有存在的价值。KOC 和 KOL 有以下差别：

● 主动性。品牌通常会主动联系 KOL，并为其提供现金或产品奖励来推广产品和服务；而 KOC 首先是消费者，他们会尝试和评价自己感兴趣的产品。

● 受众规模。KOL 根据粉丝数量来分类，有小规模影响者

（1万—10万粉丝）和名人（百万粉丝以上）；而 KOC 的粉丝数量并非关键标准，他们的粉丝数量很可能比 KOL 的少得多。

● 真实性。KOC 在消费者中更具可信度，因为产品测试和审查是他们的专长。相比之下，KOL 的追随者都知道品牌与影响者之间的付费合作，因此真实性不如 KOC。

KOC 不仅存在于微信熟人朋友圈，还存在于其他社交媒体平台上的陌生人消费评价圈。消费者在进行复杂产品消费决策时，参考陌生人的评价是非常有意义的。KOC 的确对销售产生巨大影响，特别是对于销售不止一个畅销产品的企业而言。由于 KOL 在内容篇长受限，他们往往只能推广企业最重要的产品。消费者的兴趣多样化，他们也会对企业的周边产品感兴趣，这时就需要借鉴 KOC 的购买后体验来获取评测信息。

彩欣传媒总裁吴伟华先生：我之前对 KOL 有所了解，在过去的一年里才开始听说 KOC 的概念。KOC 既是消费者，也是在自己的社交圈子中具有影响力的意见领袖，他们通过分享自己的生活和消费经验来影响他们的社交圈子。过去，广告行业主要以 KOL 为主导，随着互联网的发展和变化，KOC 的影响力变得不可忽视。特别是视频的广泛应用，使得深山老林中的传统文化、传统服饰和传统生活习惯等内容能够通过 KOC 以更有效的方式传播和学习。实际上，KOC 的概念早在古代就已经存在，由于通信技术不发达，过去的影响力比较有限。随着科技和通信的进步，互联网时代的崛起，KOC 的影响力也逐渐扩大。并不是每个人都能成为 KOL，但事实上每个人都可以成为 KOC。KOL 的影响力更大，对特定行业或行为能够产生更大的影响；KOC的影响力则在每个人的生活圈子中逐渐扩散。以传播速度为例，KOL可能以一对多的速度传播，而KOC则以一对一、一对三或一对五（少于十人）的速度传播。如果品牌能够邀请更多的KOC参与传播，随着参与人数的增加，传播效果可能逐渐扩大，最终的传播效果可能超过KOL。在传播的时间方面，KOL可以在短时间内有效地扩散信息，而KOC需要更长的时间。从长远来看，KOC传播的内容更具有说服力和可靠性。KOC的概念与朋友圈、社交圈子，以及具有共同背景、生活习惯和籍贯的人群有关。可以将KOC比喻为传统继承、传统习惯的延续性扩散、保留和传承的重要途径。虽然KOC对销售有一定影响，但与KOL相比，商业化气氛较小。KOC的形成往往是在不知不觉中自然传播开来的，其主要目的并非商业销售，而是一种传统的扩散、保留和传承。

优矩互动首席营销官孟冉女士：KOC是在特定垂直领域具有影响消费者决策力的人群。KOC指的是Key Opinion Consumer，是营销领域的一个专门术语。虽然KOC在粉丝数量上无法与主流关键意见领袖（KOL）相媲美，但他们在特定垂直用户群体中具有较大的决策影响力，并且在某些平台上具备较强的带货能力。在线上营销行业中，人们开始关注和研究KOC。KOC的存在并非出于"需求"，而是自然存在的。在商业化之前，KOC已经存在，但尚未被抽象化成一个专有概念。举个例子，我们周围总会有一些手机专家、IT专家、音响专家、化妆品专家等，当我们购买相关产品时，我们可能更愿意听取他们的意见。从内容角度来看，KOC提供的内容更加多样化、贴近生活，并且具有更高的可信度，因为其商业属性较低。从用户角度来看，KOC的关注者更加垂直，KOC与用户的关系更为紧密。从行为角度来看，KOL需要在一个非常垂直的领域中发展，这种天然属性决定了他们在不同圈层传播能力相对较弱。KOC更具真实性，更能影响单个用户的消费决策。KOC和KOL之间存在差异。相对于KOL，KOC的粉丝数量较少，影响力较小，但其优势在于更加垂直，在小众和专业领域具有较大的影响力和较高的黏性。KOL是一个泛概念，不仅适用于营销领域，而KOC则是一个专门的营销概念。KOC的概念与私域流量、社群经济、本地服务、专业论坛、专业群、朋友圈等有相似之处。KOC对销售产生影响，但与KOL不同的是，KOC更注重用户群体的积累和精细运营。它的本质是口碑积累，与KOL广告的效果完全不同。从品牌角度来看，KOC可以成为线下、社群和网络互通的立体链接，因为KOC通常以用户的角度参与其中，通过新品试用、评论区分享、社群话题讨论等形式展开推广，构建可分享、可传播的社交接触点，并以此与电商平台、线下门店和渠道进行联动。

睿晟天和传媒前副总裁车亚楠先生、策划总监张建星先生、媒介总监李静女士：KOC主要影响身边的朋友和同事，然后逐渐扩散至朋友圈。KOL的扩散速度更快，KOC的信任度比KOL更高。在时间扩散和可信度方面两者存在一定差异。广义上，我们可以将KOC群体分为两个部分：第一部分是纯素人，他们的点赞、转发等行为不存在商业行为；另一部分是通常理解的

KOC,他们比KOL低一级,具有商业潜力。KOC在创建话题热度方面起着重要作用。一个话题是否热门取决于参与的人数是否足够多。KOL的数量有限,他们产生的观点相对专业;而KOC产生的观点更贴近大众。KOC具有一定的存在价值。无论从品牌传播还是社会事件传播的角度来看,整个传播过程都有固定的链路,从一个点到一条线再到一个面。点的传播通常是由爆发性事件引起的,比如明星发微博或品牌进行大规模营销。数字营销人员可以通过更多的KOL将事件链接起来传播,但要将其转变为具有社会影响力的大规模事件,可能需要KOC的参与,因为KOC是气氛组担当[①],他们表达的观点更符合大众的认知范畴。KOC和KOL之间的差别主要体现在商业化程度、粉丝规模和覆盖面三个方面。KOC商业化程度相对较低,粉丝规模较小,更关注个人感受。KOL的覆盖面更广,阐述的观点更专业,发布内容之前会对观点进行大量验证。与KOC概念接近的还有UGC(用户生成内容)、B站、淘宝五星评论等。KOC对销售产生影响,在整个舆论事件中扮演了重要角色。当声量足够大时,所有人都会被假象所影响,形成所谓的趋同心理。同时,KOC更真实,可以打破用户警戒心。KOL起到的是一个种草的过程,而KOC是能够决定用户能否拔草的一个关键。

---

① 气氛组担当是指在一个团队或社群中,负责营造积极、活跃的气氛,带动其他人的情绪,使整个团队或社群更加有活力和凝聚力的人。他们通常具有较强的社交能力和感染力,能够通过各种方式调动人们的积极性,让每个人都感到更加快乐和自在。在团队或社群中,气氛组担当扮演着重要的角色,他们的存在可以让整个团队或社群更加有生气和活力。

知定堂广告合伙人陈兴禄先生：我听说过KOC，但了解不深。KOC指的是从消费者群体中脱颖而出、拥有一定粉丝群体和影响力的达人。这些达人通常能够影响他们的朋友和粉丝产生消费行为，因此在市场洞察中的消费者洞察中扮演着重要角色。尽管广告行业经常提及KOC，但在广告行业，KOC的实际应用率并不高，主要限于交流领域。在媒体领域，KOC可能会更广泛地被提及，并在内容营销、社交和口碑营销等领域有更多的研究和探索。KOC的概念具有价值，但概念本身并不是最直接的价值所在。对于广告公司而言，真正的价值在于KOC是否具备对品牌的营销价值。KOC代表了一特定群体，这些人具有自带流量的特点，拥有一定的传播和影响力。KOC只是一个概念，其真正的价值需要通过实践对KOC群体进行筛选，找到与目标消费者真正匹配的KOC才能实现。有价值的KOC更像是我们身边的"朋友"，在某些方面和我们有共同需求，他们给出的建议更容易被接受。谈到KOC和KOL之间的差别，我认为KOL更像是大V、专家或明星等。从营销角度来看，KOL具有更多的话语权和更高的商业价值。KOC的存在更加广泛，他们的发声更加从消费者的角度出发，容易引起消费者的共鸣。尽管两者之间存在差别，但也有重叠之处。KOL和KOC都是用户属性标签，自身带有一定的流量，需要对他们进行分析和调研。在用户分析和洞察中，UGC的概念与KOC相对应，而网红达人、KOF（Key Opinion Followers，关键意见追随者）、KOS（Key Opinion Sales，关键意见销售员）等概念也与之非常类似。KOC会对销售产生影响，因为KOC是一种对周围人的影响和传播。从传播规律来看，我们更容易相信身边人说的话，这是一种基本常识，是一种相互关系中的信任。同时，KOC能够快速找到销售方向，他们是处在KOL影响力之下、大众消费者影响力之上的这部分群体。通过KOC与消费者接触并提升销售额相对来说是一种软性且具有较高未来潜力的销售工具。

利欧数字微创时代首席执行官李春辉先生：听说过KOC，但接触并不多。KOC是从用户角度发表消费意见的个体。尽管我们公司不太常用这个概念，KOC概念有存在的价值。如果KOC只是一个有独立话语权的个体，其价值就不大；但如果是一个有话语权的群体，对品牌的营销价值就会很大。KOC的价值必须在特定的场景中才能体现，例如在社会化媒体营销应用的场景中。KOC一定会对销售产生影响，抖音小店是一个例子。然而，管理KOC的难度较大，维护成本也较高。

云锐集团数字媒体首席营销官冯晓丽女士：KOC是一类消费者，他们在某些领域能够影响朋友和粉丝产生消费行为，相对于KOL来说，他们的粉丝数量较低。这些KOC从个人消费视角向朋友和粉丝传达消费观念和对产品的最真实看法。KOC的概念具有存在的价值。尽管他们不像知名的KOL那样出名，作为消费者，他们分享的内容大多基于自身亲身体验，并更注重与粉丝的互动。他们与粉丝建立起信任关系，逐渐从陌生人变成熟悉的朋友，他们发布的短视频内容更受粉丝们的信任。KOC和KOL之间并没有严格的界限，很多KOC也有可能成为KOL，成功的KOC甚至可能拥有与知名KOL相当的影响力。目前，KOC和KOL之间的主要区别在于粉丝数量和内容的专业度，以及消费者对KOL或KOC本身的看法。KOC与UP主、达人、网红和KOL等概念在某些方面是相通和相似的。KOC通常会对销售产生影响，因为他们在各自的消费领域具有独到的见解，这些见解能够被大多数或绝大多数粉丝认可。他们对于一些产品的使用感受、推荐或不推荐，在自己的私域粉丝中具有很大的影响力。

申坤互动总裁卢坤洁女士：KOC是使用过产品的消费者代表，他们本身就是用户，更了解用户需求。KOC概念具有存在的价值，因为KOC能够更直接地反馈产品用户的感知，并且在小范围内享有更高的信任度。KOC和KOL之间存在一定的区别。KOC站在用户的立场上，更加偏向个人；KOL则更站在商家的立场上，偏向商家小规模的商业活动。KOC对销售具有影响作用。KOC对产品的关键消费点进行总结，让更多的消费者更容易理解并获取到具体信息，从而对产品销售产生积极的影响。管理KOC的难度较大，其维护成本也较高。KOC的存在对于品牌和产品营销具有重要意义。他们作为真实的用户，能够提供更直接和真实的反馈，帮助品牌更好地了解用户需求和市场动态。尽管管理KOC可能存在一定的挑战和成本，但与KOC合作仍然具有重要的营销价值。

申坤互动总经理包逸逸女士：KOC是那些在某些领域中起

关键性建议作用的人,虽然他们没有KOL庞大的粉丝数,但能够影响周边人群的消费行为。在广告行业中,使用KOC的频率较低,更倾向于使用KOL。这是因为KOC的传播方式与以往的口碑传播相似,虽然传播较为精准,但缺乏KOL的效率、速度和广度。KOC概念具有存在的价值。根据受众人群的不同,对于相对低价大众产品,KOL可能更有效;在高端、个性化和相对昂贵的产品领域,KOC则具有明显优势。这是因为拥有高端独特消费力的人不易于受到影响,KOC能够更直接地影响这些人。KOC和KOL之间存在质的区别。KOL更偏向大众,拥有一定的粉丝积累量,但其影响力并不仅限于身边的人,且更多地受到商业包装的影响;KOC则依靠个人的魅力去影响身边的人,其真实性更高,受商业包装渲染的影响较小。KOC的概念与口碑营销相似,最初的口碑营销依靠相对真实且没有过度美化的表达形式来口耳相传。KOC对销售的影响关键取决于KOC的个人特质和所推广产品的属性是否匹配。例如,以地域性产品为例,上海人推荐的甜点可能比北方人推荐的更受欢迎,而北方人推荐的大米和肉类则更具专业性和可信度。当具有高可信度的人推荐与他们自身相关的真实信息时,这将对销售产生积极的影响。

知定堂传媒集团副总裁崔崧先生: KOC是品牌消费者用户真实分享形成的C端消费者认可的意见领袖。在抖音、快手等电商平台上,KOC的数量相对较多。管理KOC的难度较大,维护成本也较高。在当前中国的消费市场中,由于头部品牌数量有限,新的消费群体面临众多品牌和单品选择,难以形成品牌忠诚度。从场景使用的角度来看，KOC 的存在具有重要价值，他们能够提供邻居或朋友对某个产品使用后的真实感受，帮助潜在消费者完成体验过程。与明星广告和 KOL 相比，用户更倾向于相信 KOC 的推荐。以中国足球为例，足球发展不好的原因之一是注册的球员太少，日常喜欢踢球的人太少，喜欢带队踢球的人更少，无法形成口碑效应和激发大众对足球的热情。同样，在社交媒体平台上，如抖音，内容创作者的繁荣度越高，就越容易产生 KOC，提升整个平台的繁荣度。社交媒体平台需要扩大内容机制，设立内容创作者奖励，让真正创作内容的人在平台上得到繁荣和发展。KOC 的内容质量可能比 KOL 稍低一些，他们的内容制作更加随心所欲而没有专业化团队运营，但正是由于他们的真实性和个人化特点，KOC 能够对销售产生影响。抖音等平台已经意识到 KOC 的价值，并采取措施支持他们的发展壮大，以创作更多真实内容吸引其他用户。尽管管理 KOC 的难度大且维护成本高，但他们在品牌价值传播、消费者决策和平台繁荣等方面具有重要价值。广告代理公司和社交媒体平台需要重视 KOC 的存在和发展，并采取相应的策略来管理和合作。

无双科技高级运营总监罗玉婷女士：KOC 是由个人（非公司）运营的账号，在社交媒体平台如小红书、新浪微博、微信公众号以及抖音上活跃。他们的粉丝数量相对较少，通常在 1 万至 3 万之间，他们能够吸引相对特定的人群。广告代理行业更偏向效果类的硬广告，KOC 则更注重内容，且不同的 KOC 面对的粉丝群体有非常细致的划分。KOC 的概念存在已久，说明它具有存在的价值。与KOC相比,KOL更偏向公司行为,他们通常会接受大型品牌广告的合作,报价也相对较高。对于垂直行业的细分产品,广告主可能会发现投资于偏向内容性的KOC能够带来更好的效果。每个KOC的粉丝量虽然不大,但粉丝有效性和质量更高。KOC和KOL的主要区别在于粉丝数量和影响领域,KOL的粉丝数量更多,综合性更强,KOC在细分领域的影响力更大。从影响层面来看,KOL的整体影响力大于KOC。很多KOC并不需要广告主支付费用,是需要一套产品供其试用。这种"恰饭"[①]行为与KOC的概念相近。KOC营销更接近口碑营销的方式,即偏向内容营销。从销售角度来看,KOC对销售产生的影响转化比KOL会更好。KOL对销售的影响主要来源于品牌或大众类推广,相比普通的或没有特别倾向的KOL推荐,消费者可能更愿意相信素人(或看起来像素人的KOC)推荐的广告或更具内容化的广告。KOC营销更偏向口碑带货类的营销方式,未来甚至可能出现消费者无法分辨出是广告的KOC推广内容。

QS SEARCH创始人和首席执行官David先生:KOC是可以影响少数人的产品测试和体验者。广告代理行业中使用KOC的情况并不多见,KOC的概念具有存在的价值。KOC更贴近大众,其信任度也更高。相比之下,KOL主要依赖明星效应来影响大众。虽然KOC的受众相对较少,但他们的可信度更高,对消费

---

① 恰饭:网络流行语,出自中国的方言"吃饭"一词。在中国西南地区的方言中,"吃饭"的"吃"发"qia"的音,在网络上被写作"恰"。"恰饭"原本即有"生存"之意,成梗后多指为了生计而采取的一系列行为,比如在视频创作中植入商业推广信息。

者决策的影响力度也更大。20世纪80年代美国的电视销售形式可以看作KOC的一种表现形式,通过观看KOC测试产品,消费者可以感受到如同自己亲自测试产品或听取朋友分享使用后的感受一样的效果,因此,KOC对销售会产生影响。由于KOC的影响力和可信度,他们的推荐和意见往往能够引起消费者的兴趣和购买意愿。

艾特互动总经理唐宇先生:KOC是关键意见消费者,是针对一个产品或者一个行业,在小范围的朋友和熟人圈子里面具有一定经验的人。例如大家都知道我是做互联网广告的,朋友圈子或者小区的邻居针对互联网广告的相关问题就会来咨询我,我也能够给一定的相对中肯性建议,而不以商业目的给建议。我们的行业不常用KOC,我个人作为互联网媒体渠道开发方面也许能称得上KOC吧。KOC的概念有存在的价值,在过去十年,私域和粉丝经济就已经足够体现出来了他们的价值,慢慢地也演变成了具有商业化的东西。从网民的角度出发,其实决定一个产品是否能够购买,从信息量里面需要获悉的几个因素是:信任、中肯、专业。所以越来越多的人群的信息获取途径从微博转到微信公众号再转到小红书再转到知乎。比如我自己对陌生信息的获取方式更偏向于先问问小区业主群或车友群。车友群里面某位车友针对我的疑问提出的意见更中肯,我也更能够信任他。KOL是指关键意见领袖,他针对某一个产品或行业有比KOC更专业的意见和评判标准。KOL越来越商业化,聪明的网民也越来越不容易被种草,我认为KOL会比KOC更早落幕。KOC的概念和社群营销很接近,例如我家楼下的山姆会员店有一个小群,会邀请我们加群,大家在群里并不是为了享受特别的价格优惠,而是在遇到特殊问题的时候进行咨询,比如什么奶粉是真正的原装进口,于是我认为这个群主就可以被定义为KOC。现阶段,KOC不会对销售有太大的提升,这取决于KOC所能影响的人群数量是否足够大,以及是否有一定的市场背景。例如在疫情防控期间,知名火锅品牌海底捞面临生存的危机,于是海底捞的员工为小区居民建立微信群,并告知如果想吃火锅可以在群里进行下单,不用消费者做任何的准备,他们会把食材、锅具一并配送到家,吃完以后只需要一个电话他们会上门收走,这个群主可以被认为是KOC。这种模式如果在正常的情况下对销售可能没有太大的影响,但在特殊的情况下,针对特殊的商业活动,对销售就会有很大的影响。所以KOC在有一定的数量,一定的活动和一定的市场背景下,他能影响的销售会足够巨大。

彩欣传媒海外总经理张帆先生:听说过KOC这个概念,相对比较新的一种说法,个人理解KOC是在社交场景下,从品牌端到消费者中间的某一环,相比KOL,KOC会更靠近消费者,或者说本身他就是消费者,通常可能是基于兴趣等原因,去亲友或其他圈子推荐、种草,进而带动更多人喜欢和消费的人群。作为广告行业从业者,会接触到KOC这个概念,但是不太常用,因为在社会化媒体营销维度,我们可能更多接触到KOL层级,KOC在营销的运用上目前还有很多难点需要探索。KOC这个概念有存在的价值,随着对市场上各种研究的深入,必然会不断细分消费者人群概念，肯定会出现越来越多的概念去描述这些层级。其实我本身是不太喜欢根据缩写随便造很多概念的，好在KOC这个概念相比KOL有一些可继承性，比较好理解。我觉得KOC和KOL的核心差别是影响力，包括影响范围和影响强度。

● 从影响范围角度来说，KOC像是长尾的很小的KOL，影响小范围人群，通常是亲朋好友开始，可能会扩大至一个微信群，当他的影响范围足够大，也就算是KOL了。

● 从影响强度角度来说，因为亲戚朋友信任度更高，所以更容易去影响对方的决策。说到KOC，其实我脑子里浮现出一些关键词：私域流量运营，还有自来水（自来水就是自发形成的水军）。

关于KOC对销售有影响，我比较印象深刻的案例是电影《哪吒之魔童降世》。最初上映的时候，这个电影因为没什么营销费用反响平平，但它又占了国产动画希望的情怀，而且电影品质的确不错，所以出现了一大批看过电影后向周围人推荐的人。我印象中，这也是"自来水"这个词第一次比较大范围地出现在各种新闻中。其实当时我就是自来水，自己看了三遍，当时差不多给身边每一个朋友都推荐过这部电影。但刚才也提到过KOC营销目前还是有难度的，原因有三点：

● KOC影响范围小而分散，用好了能产生裂变反应。但是运营难度比KOL难了不止一点。

● KOC影响强度很高，因为是熟人。同时又对商品产生了新的要求，既需要产品自身拥有较强的品质，还拥有可分享性。

● KOC销售还要平衡好营销和分享之间的关系，营销大于分享。可能出现类似安利、拼多多砍一砍,这种虽然是影响熟人,但是令人反感;或者可能像雇水军营销,虽然能扩散消息,产生裂变级别的影响,但是影响的都是不认识的网民,强度不够,这种营销显然不太健康。

艾德思奇副总裁李乐飞:KOC,英文全称为"Key Opinion Consumer",即关键意见消费者,对应 KOL(Key Opinion Leader,关键意见领袖),在英文方面确实形成了对照,但在解释上略有差异。从本质上来说,KOC 关注的是真实用过的产品,是体验和测试的过程,是一个优质的 Content(内容)。KOL 中的 L(Leader)很重要,而 KOC 中的 Consumer(消费者)并没有它释放的 Content(内容)重要。大量新颖有创意的优质内容,能够更好地促进生态的健康和增长生命力。目前无论是抖音电商还是快手电商都注重 KOC,政策上进行扶持,技术上进行赋能,用活动激发创作热情。简单来说,原来是先积攒粉丝然后进行变现,到现在利用私域的形式来挑选合适的人群和合适的达人进行匹配达到合理的模式。我认为 KOC 会对销售产生影响。我们现在对送品、MCN 达人、货品的挑选更复杂,更精准。

好商汇前总经理黄敏:KOC 是指那些能够影响自己的朋友和粉丝消费决策行为的消费者。在互联网媒体行业中,KOC 的概念一直存在,尽管其流量与 KOL 相比较小。KOC 的概念具有存在的价值,因为 KOC 是身边的朋友,所以互动会更强,信任度也会更高。当 KOC 购买了某个产品并觉得特别好时,他们的推荐更具说服力，从而导致更高的转化率。KOL则依赖于在某个特定领域的专业权威度，被粉丝信任和认可，并具备持续优秀的专业内容生产能力，以及极强的社交沟通能力。广告主更关注曝光和销售量，因此更倾向于选择流量更大的KOL。然而，KOC分享的内容主要是基于他们的亲身体验，与消费者更接近，并更注重与粉丝的互动。这种互动形成了KOC与粉丝之间更深厚的信任关系。从消费者的角度来看，他们更看重互动性和信任感，因此在这种情况下选择KOC更具优势。KOC的概念与KOF、KOS相似。KOC能够对销售产生一定的影响，特别是在用户消费认知和行为模式发生转变的当下。现代年轻人对于广告和营销手段的识别能力很强，因此KOL的带货效果往往容易被识破。相比之下，身边偶尔推荐个亲身购买商品的KOC会具有更强的说服力，更容易影响同类群体的消费决策。

九星互动总经理黄岳汾女士：对KOC的理解是，这些消费者具有传播力和影响力，未来值得品牌方进行精细化的运营和引导。在互联网领域，KOC的概念仍然常用，尤其在当前"私域流量"概念热门的环境下，很多品牌都试图将用户导入个人微信号中，并以非官方人员的形象进行运营，这种方式可以被视为在培养KOC。KOC的概念具有非常重要的价值。对于品牌方来说，培养和发掘KOC更像是一种养成游戏，因为KOC通常不具有太多的商业化属性，所以需要长时间的积累来建立信任感，否则很难真正说服KOC本人和潜在用户。KOL更加头部和专业，给人一种高高在上的感觉，难以转化为私域流量。KOC更像是朋友，他们的表达更真实,与消费者的距离更近。与 KOC 概念相近的还有 KOF、KOS。KOC 能够对销售产生一定的影响。与 KOL 通过长期在某一垂直领域创作内容来获得垂直营销力不同,KOC 甚至不能被称为意见领袖,但他们在垂直用户群体中拥有较大的决策影响力,能够带动其他潜在消费者的购买行为。KOC 与普通用户的联系更加紧密,在发布内容时更容易通过同理心来影响其他用户。KOL 有时出于商业合作的原因,发布的信息可能不受用户信任。KOC 所分享的内容通常较为分散,更加生活化和兴趣化。他们以普通用户的身份为品牌发声,而不是作为专家形象进行产品推介。例如,在社群中最活跃的那些人,作为普通用户在群里推荐某个产品,大家更容易接受他们的建议。

M 公司董事长兼首席执行官 J 先生:我理解的 KOC 就是私域流量。在互联网领域,KOC 的概念相当常用。目前,无论是抖音电商还是快手电商,都非常关注 KOC。与过去先积攒粉丝再进行变现的方式不同,现在的趋势是利用私域流量来选择合适的人群和达人,以进行更合理的营销分配。KOC 的概念具有存在的价值,因为 KOC 的私域流量具有强黏性和容易复购的特点。这种模式还容易产生情感联系,而情感往往是最复杂的商业模式之一。KOC 能够对销售产生一定的影响,因此在营销策略中扮演重要角色。

KOC: 用 KOC 塑造的市场印象,才是一个品牌真正的影响力

KOC 1(北京):KOC 是市场中的一个特殊群体,他们位于意见领袖和普通消费者之间。他们的影响力可能不及知名意见领袖，但他们比普通消费者更具有话语权。KOC的存在价值不可忽视，因为他们能够对身边的普通消费者产生实实在在的影响。与知名意见领袖相比，KOC的运营更具挑战性，因为知名意见领袖的运营已相对成熟和模式化。KOC传递的口碑更接近于批量传播，能够在特定的环境背景下对周围的人形成一定的影响力，从而引发一定规模的销售转化。这也正是KOC在市场中的独特价值和影响力所在。

KOC 2（26岁，女，深圳）：KOC这个概念在市场中确实常被提及，并且具有独特的价值。KOC通常代表基层人群的真实想法和意见。KOC与KOL相比，主要区别在于粉丝数量。KOL往往拥有庞大的粉丝基础，而KOC的粉丝相对较少。我不确定是否存在与KOC类似的具体概念，但我坚信KOC对销售产生一定的影响。他们的声音和推荐更贴近普通消费者，在塑造市场印象方面，KOC的作用不可忽视。

KOC 3（25岁，男，北京，抖音、小红书平台）：我对KOC的理解是一种小型的网络红人，这个概念在市场中经常被提及。从某种程度上，我也可以算作一个KOC，因为我经常在小红书和抖音等平台上发布内容。我的粉丝大多是我身边的朋友，从销售影响力的角度来看，KOC的影响相对较小。KOC有一定的存在价值，但与知名意见领袖相比，其影响范围非常有限。这也是KOC和知名意见领袖之间的主要区别。

KOC 4(30岁,男,广州,抖音、小红书平台)：KOC是市场中常被提及的概念,它的价值在于更接近真实用户,更容易获得人们的信任。我喜欢在小红书、抖音以及其他新媒体平台上活动,这些平台上的KOC对销售确实有一定的影响。就像常说的"星星之火,可以燎原",尽管KOC的粉丝数量有限,但他们的影响力不可小觑。KOC与知名意见领袖相比,主要的区别在于粉丝数量和整体影响力。KOC的粉丝相对较少,并不代表他们不能进行有效的传播。KOC能够影响他们身边的一个人或几个人,这些人再进一步影响他们身边的人,这样的裂变式传播在积累一定数量后就有可能形成销售转化。

KOC 5(18岁,女,上海)：很高兴能够接受采访。关于KOC,我认为他们不仅仅是抠门的博主。相反,他们作为市场中的关键意见领袖,代表着基层人群的真实想法和意见。与知名意见领袖相比,KOC更接近真实的用户,他们的声音和推荐更能够影响身边的消费者。通过KOC的传播和影响,品牌可以更直接地了解受众的使用反馈和需求,塑造出更贴近消费者的市场印象。这也是为什么说通过KOC塑造的市场印象才是一个品牌真正的影响力所在。

KOC 6(26岁,女,北京)：KOC,也就是关键意见消费者,这个概念在市场上还是挺常用的。我认为KOC是有其独特价值的,因为相比知名意见领袖(KOL),他们更具说服力,更贴近普通消费者。KOC更像是身边的朋友,分享真实的产品使用感受和体验。

KOL 有时会给人一种与之有距离感的印象。KOL 和 KOC 之间主要的差别在于粉丝数量和影响力。KOL 往往拥有更多的粉丝，影响力更大。KOC 则更类似于为我们带来产品测评的普通人，告诉我们这个东西是否真的好用。这种真实的测评能够为产品带来实际的价值和口碑，在市场上产生一定的影响力，并影响销售。

KOC 7（漫天狂沙，30 岁，男，北京，抖音、微博平台，6 000 粉丝）： 作为一个 KOC，我认为 KOC 是具备引导购买能力的普通人。这个概念在市场上是常用的，尤其是在广告主需要进行口碑营销时，KOC 是一个值得考虑的选择。KOL 和 KOC 的目标方向有所不同，我认为这两者代表了不同性质的概念。KOL 主要是意见领袖，KOC 则更适合进行口碑营销。KOC 与普通消费者类似，更加贴近消费者，能够产生更真实、更具有信任度的推荐。口碑营销已经成为一种常用的推广方式，KOC 在这个过程中起到的作用是不容忽视的。他们的声音和推荐能够对销售产生实际的影响，帮助品牌塑造更贴近消费者的市场印象。

KOC 8（amiya_s，32 岁，女，北京，传媒行业，小红书、知乎、抖音平台，6.1 万粉丝）： 作为一个在传媒行业工作的 KOC，我深切体会到 KOC 内容的真实性。可以说，如果 KOL 主要负责打造品牌口碑，那么 KOC 更侧重于真实的产品评测。KOC 的粉丝忠诚度通常更高，他们的私域流量也显得尤为珍贵。KOC 就像是身边的朋友，他们会真诚的分享那些真正好用的产品，他们的推荐往往更具真实性，广告的痕迹也更为轻微。在营销推广中，KOL

和 KOC 可以发挥不同的作用。KOL 的主要任务往往是在产品推出时打入市场，KOC 则可以在口碑建立完成后继续进行高效的销售转化。与 KOC 概念相似的是微信朋友圈中那些喜欢购物并乐于分享的人群。优质产品需要口碑传播，在互联网世界中，KOC 正是扮演了这样的角色，他们通过口口相传，帮助优质的产品获得更广泛的关注和认可。

KOC 9(24 岁，女，北京)：KOC 可以被看作粉丝量相对较少的达人，他们在市场上具备一定的推广能力。KOC 和 KOL 在某些方面是相似的概念，主要的区别在于他们的粉丝规模。KOC 通常拥有较小的粉丝群体，他们仍然能够对市场产生一定的影响，帮助品牌塑造更接近消费者的市场形象。

KOC 10(25 岁，北京，微博、小红书平台，1.4 万粉丝)：我自己就是一名小博主，喜欢在微博和小红书上发帖，并与我的粉丝们互动。通过这些平台，我逐渐积累了上万级别的粉丝。我认为 KOC 也是具备一定的粉丝数量的，只是相对于 KOL 来说，这个数量较低。这并不意味着 KOC 没有价值。与 KOL 相比，KOC 最大的区别在于他们所影响的粉丝质量更高，内容的可信度也更强。KOC 类似于我们常说的普通人，他们能够影响身边的人，他们给出的意见和建议更真实有效，更容易获得粉丝的信任。

KOC 11(der-mar，男，25 岁，北京，微博、微信、抖音平台，3 万粉丝)：作为一个拥有 3 万粉丝的 UP 主，我对于 KOC 的理解是这样的：KOC就像是普通人，他们制作内容并发布到各大平台。在积累了一定的粉丝数和用户量之后，KOC开始推荐和传播他们的内容，与用户进行直接互动，并逐渐建立起粉丝的信任度，促使用户进行消费。KOC是有其存在价值的。KOC和KOL的区别，主要在于粉丝数和社会影响力。KOL往往拥有更多的粉丝和更高的社会影响力，他们的声音更具权威性，形象也更为权威，因此商业价值通常会更高。KOC则更贴近用户，他们的推荐和分享能够让用户更直观地感受到产品的优劣。在销售方面，KOC的影响力取决于用户的信任度和粉丝数量。如果KOC成功建立了与粉丝的信任关系并拥有一定的粉丝基础，他们的推荐就有可能对销售产生积极的影响。

KOC 12（王大花，女，24岁，杭州）：我对KOC的理解是，它可以被视为KOL的雏形，其影响力相当于KOL的缩小版，覆盖范围相对较小。我认为KOC的概念仍然具有一定的价值。例如，在某些事件或品牌需要进行宣传时，KOC可以作为一种有效的批量宣传手段。KOC的概念与"拼团团长"有些相似。作为发起人，团长会亲身体验产品，并通过自己的影响力和推荐，带动所在社区的居民、公司同事以及朋友们进行团购消费。我认为KOC就像是一个集结点，能够收集到很多人的意见和建议，对其他消费者的购买决策产生影响。KOC在市场上的角色不可忽视。他们通过自己的声音和推荐，为消费者提供更真实、贴近生活的消费参考，帮助品牌塑造更贴近消费者的市场形象。

KOC 13（男，35岁，北京）：在我所在的行业中，KOC的概念非常常见，我认为自己也是一个KOC。简单来说，KOC就是素人，也就是普通人。目前，我在互联网上的各大平台都发布一些内容。KOC的价值在于，虽然他们是自媒体账号中的低规模账号，但他们可以利用自身的账号价值展现影响力。我认为KOC概念的存在非常有价值，他们代表了某一特定的群体，并具有一定程度的传播和影响力。KOC可以进行批量宣传，为品牌背书，帮助品牌在市场中塑造更贴近消费者的形象。对于KOL和KOC的区别，我个人认为主要在于流量和粉丝的信任度方面。作为一个素人，我觉得KOC的模式非常适合我。我相信KOC能够对销售产生很大的影响。通过广泛的信息传播和曝光，KOC可以帮助品牌提高知名度，从而提升投资回报率。

KOC 14（月酿阿姨，女，23岁，长沙，抖音平台，18.7万粉丝）：作为抖音平台上专注于美妆内容的UP主，我对KOC这个概念有一定了解。我认为KOC可以代表像我这样的素人UP主，为我们所面向的受众发声。通过我们的推荐和分享，品牌可以更直观地了解受众的使用反馈，例如化妆品的效果、性价比等方面的信息。同时，KOC也能吸引更多的受众关注产品和品牌。在美妆行业中，KOC的概念非常常见。我认为KOC具有很高的价值，他们能够为用户提供多重的信息和体验，分享使用感受，让用户更深入地了解产品和品牌。KOL更多地服务于品牌产品和市场，让更广泛的人群了解产品，KOC则更注重服务于粉丝，给特定的粉丝提供更多的选择和服务。对于美妆品牌而言，KOL可能无法像 KOC 那样让用户更直观地感受产品的用法和效果。KOC 则可以通过自己的推荐和分享,扩大品牌的传播范围和影响力,让每个用户都能够看到像我们这样的美妆 UP 主的使用经验。

KOC 15(薇薇吃不饱,女,20 岁,长沙,小红书、抖音、快手平台,22 万粉丝):作为一名美食探店博主,我最近经常听到 KOC 这个概念。在我看来,KOC 更符合"关键意见消费者"这一说法。作为 KOC,我们可以建立与粉丝的信任关系,这对产品的销售非常有利。我也可以算是 KOC 中的一员,尤其是在美食探店领域。通过我的推荐和分享,粉丝可以更直观地了解餐厅的品质、味道、外观和服务等方面的信息。我认为 KOL 和 KOC 的主要区别在于,KOL 是关键意见领袖,通常拥有更多粉丝和更大的影响力。KOL 可以告诉大家哪家餐厅好吃,但他们无法像 KOC 那样带领粉丝深入体验。而 KOC 作为关键意见消费者,虽然粉丝数量可能较少,分享的内容可能不那么精致,但粉丝更加垂直,能够更直接地与 KOC 互动。比如,粉丝可以看到我整个探店的经历,从开始到结束。在销售方面,KOC 的影响力在于粉丝更加垂直。KOC 分享的产品都是经过亲身体验的,粉丝更愿意相信 KOC 的推荐。这对产品的销售非常有帮助。

KOC 16(疯兔 FF,女,27 岁,南京,微博平台):对于 KOC,我自认为已经有了一定的了解。作为一名游戏行业的微博超话主持人,我对 KOC 的理解是,他们就像我这样影响力较小的自媒体。当用户想要了解某种信息时,需要有更多方面、更多角度、更多数量的声音作为判断的参考,这时 KOC 就成为一个很好的展示平台,可以向用户提供他们所需的各种游戏指导、信息和新闻内容等。我认为 KOL 和 KOC 之间是有差别的,主要差别在于他们的影响力和说服力不同。以我所主持的 LOL 超话为例,如果选手发表言论,他们的影响力会更大。KOC 可以提供更全面的内容,类似于导游一样,能够给大家提供指引。

KOC 17(雯崽球球啦,女,23 岁,长沙,抖音、B 站、小红书、微博、知乎平台,34.8 万粉丝):作为一名美妆博主,我在抖音、B 站、小红书、微博和知乎等平台发布内容。对于 KOC,我的理解是,他们类似于消费领袖,能够在发布内容或直播时,让用户更直观地了解各种产品的品质、性价比等信息,从而降低消费者的试错成本。KOL 更像是意见领袖,他们可能会告诉您这款产品很好,但无法让用户直观地感受到正确的使用方法或产品的真实感受。KOC 作为消费领袖,在消费上更具有引导力,相比意见领袖,更加实质地引导消费者做出选择。对我而言,KOC 更像是博主或达人,在某一方面具有一定的权威性,能够带领用户在感官上体验每个产品的独特之处。在销售方面,KOC 的影响力在于,通过 KOC 的推荐,好的产品会得到更多消费者的关注和购买,而差的产品则会被消费者所避免。这样,消费者会更加信任 KOC 的推荐,并进行有信任度的消费,这是非常关键的一点。

KOC 18(高高 gaoGAO,女,30 岁,南京,小红书平台,372 粉丝):作为一名美妆博主,我肯定听说过 KOC,我可以算是 KOC

的代表之一。对于 KOC 的理解,我认为像我这样非 MCN 等公司孵化的博主,发布的内容更偏向于素人的视角,评论更加真实全面。我们可以更全面地介绍产品的品质、性价比、功能等方面的信息,让用户通过观看我们发布的内容,能够对比不同产品和价格,产生购物欲望。特别重要的是,KOC 能够对相关产品信息进行更真实、更全面的评价,避免产品评论出现"一言堂"的情况。KOL 在测评产品时可能会考虑到商务合作等因素,部分 KOL 还会受到所在 MCN 机构的限制,不能对某些不好用的产品给予差评。KOC 的分享则更加真实可信。通过真实产生粉丝的信任度,KOC 的群体会逐渐壮大,从而增加在销售方面的影响力。

KOC 19(鬼手圣医,男,25 岁,天津,哔哩哔哩平台,9 600 粉丝):在我所处的游戏行业,KOC 并不常用,因为我们主要发布的是关于游戏攻略、玩法介绍等内容,无法直接输出销售方面的信息。但是,对我而言,KOC 更多的是实现自我价值的一种体现。在游戏方面,KOL 和 KOC 的差别其实并不特别明显,因为虚拟道具的销售很难直接受到我们的控制。KOC 在销售方面确实具有导向意义。例如,当我在制作视频、发布内容或直播时,如果我经常穿戴某款商城时装,用户看到后可能会受到一定影响,从而增加购买的可能性。尽管在游戏行业中的影响可能不那么直接,但 KOC 的存在和影响力仍然是不可忽视的。

KOC 20(男,22 岁,上海):作为一名刚入行的 UP 主,尽管我的粉丝数量很少,但我也听说过 KOC 这个概念。在我所处的行业中,KOC的使用相对常见。与KOL相比,我认为KOC的参考意见更贴近大众消费者,类似于品牌邀请的体验官。在一般的品牌投放过程中,除了KOL外,KOC的配合也是非常重要的。我认为品牌的实际购买消费者与KOC的概念非常相近。与KOL相比,KOC的分享往往被粉丝认为更加真实可信。KOC更贴近大众消费者,他们的声音和推荐往往能更直接地影响粉丝的购买决策。

KOC 21(璐璐真不乖,女,20岁,长沙,抖音平台,10.2万粉丝):我是记录生活类型的抖音创作者,尽管这是我第一次听到KOC这个词并且对其深层含义不是特别清楚,但我认为我应该也属于KOC的范畴。我发布的内容主要是记录生活,可能并不完全符合KOC的定义,当我分享生活片段时,总有粉丝留言询问视频中某样东西或某件衣服的购买渠道。这说明KOC的影响力无处不在,并且它有着重要的作用。关于KOC和KOL的区别,我个人认为KOC的影响力相对于KOL可能稍弱一些,因为名人效应仍然具有很大的影响力。我相信KOC对销售会产生一定的影响。在制作内容和直播的过程中,每个用户关注的方面都有所不同。即使只是在记录生活,我也可能会突然介绍手中的某样物品给粉丝,这有可能导致该物品成为爆款。

KOC 22(静子icey,女,20岁,长沙,小红书、抖音平台,17.4万粉丝):我经常听到KOC这个词,根据我的理解,KOC更像是消费领袖。我认为KOC具有更快的传播速度,尤其是在内容具有新意和创新的情况下,更能引领用户进行消费。关于 KOC 和 KOL 的区别,我认为 KOL 具有更大的传播爆发力,KOC 则是一种更贴近用户的传播方式。当我分享某个内容时,用户可能会因此产生消费欲望。同时,我与粉丝的互动也更加直接,从而加速粉丝的增长。KOC 对用户具有一定的影响力,能够推动用户的消费行为。当用户分享自己认为优质的产品时,会增加其他用户的信任度,并形成良性循环。KOC 的分享不仅能够直接影响粉丝的购买决策,还能通过粉丝的二次分享扩大影响力,进而进一步带动销售。

KOC 23(女,22 岁,湖南):对于 KOC,我的理解是关键意见消费者。我觉得它与"学习"的概念有些相似,都需要不断地吸收和分享信息。在我们行业中,KOC 是常见的术语,我认为它的存在是有价值的。在消费方面,我相信许多人的购买决策都受到他人的影响,也就是说,消费者的购买力在很大程度上是可被驱动的。KOC 对销售具有一定的影响力,他们在一定程度上带动或影响消费行为。这是因为 KOC 会影响他们周围人的购买欲望。他们的意见和分享往往被粉丝和关注者视为有价值的参考,从而对购买决策产生一定的影响。

KOC 24(美妆蛋姐,女,26 岁,南京,11 万粉丝):我认为 KOC 指的是某行业中的垂直媒体账号(如抖音账号、微博账号)等。我认为 KOC 的存在具有独特的价值。相比之下,KOL 可能更高端,但在销售方面,消费者对于 KOL 的推荐可能持有半信半疑的态度。KOC则更受到粉丝群体的认可和信任,因为他们通常将自己的形象打造成更接近普通消费者的素人形象,更真实、更亲近消费者。人们虽然喜欢高端、奢侈的产品,但他们也不喜欢过于明显的营销味道。我认为KOC对销售具有很大的影响力。相比普通的销售方式,KOC的销售方式更具垂直性和专业性。他们通过分享自己的使用经验和真实评价,能够更直接地影响粉丝的购买决策。

KOC 25(艾咪酱Amy,女,25岁,长沙,抖音、小红书平台,12.4万粉丝):我认为KOC能够更真实地满足广大群众的需求。他们的粉丝数量可能不是特别多,周围的人往往更信任他们所发布的内容,并容易受到他们的推荐影响而购买产品。我认为KOC具有很大的价值。我自己是KOL和KOC的结合体,可以说是产品推广的起始点和发散点。我相信一个成功的产品推广不能仅仅依靠话题和流量,还需要更真实、更有信任度的角色来引导消费者。KOC和KOL之间存在差异,我感觉这种差异正在逐渐缩小。每个KOL实际上都是从KOC发展而来的。最主要的差别在于流量和转化率:KOC的流量可能不高,但他们的粉丝转化率高,粉丝黏性更强。在这个人人都可以成为自媒体的时代,粉丝数量已经不再是两者之间的障碍。优质的KOC最终会演变成优秀的KOL。我也认为KOC对销售一定会产生很大的影响。在这个外卖和快递盛行的时代,消费者的好评和差评直接关系到企业的生存。消费者的一句"好用"或"不好看"都有可能引发其他用户的消费冲动或退单。

KOC 26(23 岁, 郑州): 我认为 KOC 的价值在于其独特性。KOC 与 KOL 具有明显的区别。简单来说, KOC 代表真实的消费者, 而 KOL 则更多代表流量。KOC 的存在对于提升销量具有实际帮助, 因为他们本身就是消费者, 他们的声音和推荐能够直接影响其他消费者的购买决策。

KOC 27(艾叨叨, 女, 20 岁, 长沙, 抖音平台, 12.1 万粉丝): KOC 是关键意见消费者, 老用户以及频繁回购的消费者, 在我们行业中很常见。我认为他们的存在具有巨大的价值, 消费者的意见在市场中扮演着至关重要的角色。与 KOL 相比, 我认为 KOC 更接近用户, 并具备更强的传播力量。私域流量与 KOC 的概念密切相关。我坚信 KOC 能够对销售产生深远的影响, 他们所传播的信息和影响力具有巨大的力量, 能够激发更多潜在消费者的购买欲望。

KOC 28(森仔, 女, 27 岁, 广州, 抖音、小红书、微信平台): KOC 主要指的是那些没有名人身份的媒体账号, 例如图文号。在我们行业中, 这样的账号是相当普遍的。我认为它们具有一定的价值, 并且可能对销售产生一定的影响。当然, KOC 与 KOL 之间仍然存在明显的区别。无可否认的是, 通过 KOC 所塑造的市场印象同样可以成为一个品牌真正影响力所在的一部分。

KOC 29(女, 25 岁, 南京): 对于 KOC, 我的理解是: 他们是那些拥有专业知识并能够提供专业意见的人。我认为 KOC 的存在具有巨大的价值,特别是在人们接触陌生领域时,他们的专业知识能够为大众提供参考和指导。我认为KOC和KOL之间存在一定的区别,这种区别主要源于他们的出发点不同,从而导致他们所阐述的观点也有所不同。在我所处的房地产行业中,KOC的观点和建议很常见,他们的声音和意见往往能够影响消费者的决策。

KOC 30(宋小伊,女,29岁,鞍山,抖音、快手、小红书平台,14万粉丝):我认为KOC指的是那些具有一定私域流量的普通人,他们更像是真实消费者的代表。作为一名美妆达人,我深知在我们行业中KOC的普遍存在。他们通常专注于更为垂直的领域,能够直接、真实地影响消费者的购买决策,KOC具有重要的价值。与KOL相比,KOC对销售的影响可能更为直接和实际,因为他们更真实,与消费者更亲近。虽然KOL的影响范围可能更广泛,但KOC所影响的人群往往更为精准。MCN(多频道网络)的概念在某种程度上与KOC有些相似,都是市场中的重要角色。

KOC 31(果果大王,女,26岁,北京,小红书平台,1.4万粉丝):在我们行业中,KOC是相当常见的。通常指的是那些更偏向普通消费者、粉丝量相对较少的达人或博主。他们的粉丝数量可能不如KOL那样庞大,但他们的存在价值是不可忽视的。在同等价值下,品牌往往可以选择与更多的KOC合作。我认为KOL和KOC之间的主要差别在于粉丝的质量和数量。KOL通常具有更高的流量和曝光度，KOC 则更注重与粉丝的互动和真实性。这种真实性和亲近感使得 KOC 在推动销售方面具有独特的优势，他们的声音和推荐往往能够更直接地激发消费者的购买意愿。

KOC 32（明明闯北京，男，23 岁，北京，抖音平台，37 万粉丝）：KOC 通常指的是那些粉丝量相对较少的达人。他们的粉丝数量可能不如 KOL 那么庞大，他们的存在价值是不可小觑的。KOC 能够提升品牌在市场中的曝光度，而且从性价比的角度来看，与 KOC 合作往往更为划算。KOL 与 KOC 之间的主要差别在于粉丝量的多少，KOL 具有更庞大的粉丝基础。尽管 KOC 的粉丝量相对较少，但他们的影响力是不容忽视的。他们的声音和推荐往往能够更直接地影响消费者的购买决策，从而对销售产生积极的影响。

KOC 33（篮网总冠军，男，30 岁，北京，抖音、电商平台，1.4 万粉丝）：我认为 KOC 主要指的是那些更接近普通消费者的素人。在我们的行业中，KOC 是相当常见的。他们的存在具有很大的价值，因为很多消费者在购物时都需要听取更多的建议，尤其是那些比较节省、不想浪费钱的消费者。KOC 与 KOL 之间的差别主要体现在广告成本上。由于 KOL 通常拥有更高的流量和曝光度，他们的广告费用也往往更高昂。而 KOC 的广告费用则相对亲民，这使得品牌在与他们合作时能够更加灵活和划算。

附录三：KOC 概念定义和 KOC 人群画像验证

- **采访对象**

本研究对中国数字营销执行层人士进行了采访，包括品牌方、广告代理公司、媒体和 KOC。

- **采访时间：**

本次采访于 2022 年 4 月份进行，持续了一周。

- **研究设计：**

本研究设计了共计 15 个问题，并收到了总计 1 356 份问卷。其中，广告代理公司回收了 505 份问卷，占比 37.24%；媒体回收了 174 份问卷，占比 12.83%；品牌方回收了 343 份问卷，占比 25.30%；KOC 回收了 300 份问卷，占比 22.12%。除了以上主要人群外，还收到了 34 份问卷，来自互联网能源、制造业和 IT 领域的人群，占比 2.51%。

附表 3-1 问卷样稿

序号	采 访 问 题 设 计
1	您是否同意 KOC 概念定义：KOC 关键意见消费者，是指能够传播品牌知名度、影响消费者购买行为的消费者
2	目前中国社交媒体上分享活跃的 KOC 基本上都是和品牌没有雇佣的关系，是独立于品牌和潜在消费者的第三方
3	KOC 在社交媒体平台分享真实购买体验从而影响其他消费者的购买决策，主要是因为消费者越来越信任"像我一样的人"

(续表)

序号	采访问题设计
4	KOC的分享心理动因真的是为了分享"真实体验"和"形成自身威望",而不是为了成为"公众名人"?
5	您认为KOC主要通过哪些社交媒体平台进行分享传播?
6	您是否同意KOC是品牌社会化媒体营销链路上的"有话题可讨论"更关键,而不是品牌销售链路上的"卖货员"
7	KOC在社交媒体平台上的营销价值:口碑传播的效果要比直接卖货(投资回报率)重要
8	KOC主要通过购买评论、短视频、分享笔记、产品测评、经验长文、直播形式进行分享传播
9	KOC更像如下哪种人群?
10	您认为KOC人群画像特征包含以下哪些选项?
11	您推荐未来品牌方和KOC合作的哪种分利模式?
12	您建议哪些行业的品牌方未来更适合做KOC营销?
13	您建议品牌方做KOC营销的评估标准有哪些?
14	品牌方未来应该考虑明星、KOL和KOC组合营销
15	您目前工作的领域?

参考文献

Balakrishnan, B. K. P. D., Dahnil, M. I., Yi, W. J., "The impact of social media marketing medium toward purchase intention and brand loyalty among generation Y", *Procedia-Social and Behavioral Sciences*, Vol.148, 2014, pp.177 - 185.

Berlina, D. R., Suwito, K. A., "Fashion Influencers' identity construction via the instagram accounts @ ayladimitri and @ ramadicandra", *Talent Development & Excellence*, Vol.12, No.2, 2020, pp.161 - 170.

Breves, P. L., Liebers, N., Abt, M., Kunze, A., "The perceived fit between instagram influencers and the endorsed brand", *Journal of Advertising Research*, Vol.59, No.4, 2019, pp.440 - 454.

Freberg, K., Graham, K., McGaughey, K., Freberg, L. A., "Who are the social media influencers? A study of public perceptions of personality", *Public Relations Review*, Vol.37, No.1, 2011, pp.90 - 92.

Ge, J., Gretzel, U., "Emoji rhetoric: a social media influencer perspective", *Journal of Marketing Management*, Vol.34, No.15 - 16, 2018, pp.1272 - 1295.

Hughes, C., Swaminathan, V., Brooks, G., "Driving brand engagement through online social influencers: an empirical investigation of sponsored blogging campaigns", *Journal of Marketing*, Vol.83, No.5, 2011, pp.78–96.

Scher, J. U., Schett, G., "Key opinion leaders — a critical perspective", *Nat Rev Rheumatol*, Vol.17, No.2, 2021, pp.119–124.

Shoham, A., Ruvio, A., "Opinion leaders and followers: A replication and extension", *Psychology and Marketing*, Vol.25, No.3, 2008, pp.280–297.

Singh, K., "Influencer marketing from a consumer perspective: how attitude, trust, and word of mouth affect buying behavior", *European Integration Studies*, Vol.1, No.15, 2021, pp.231–241.

Stoddard, J. E., Nafees, L., Cook, C. M., "The impact of social media power on consumer attitudes toward the brand: the mediating/moderating role of social media source credibility", paper presented at the Atlantic Marketing Association Conference, sponsored by the Atlantic Marketing Association, Asheville, North Carolina, September 27, 2019.

Xiao, M., Wang, R., Chan-Olmsted, S., "Factors affecting YouTube influencer marketing credibility: a heuristic-systematic model", *Journal of Media Business Studies*, Vol.15, No.3, 2018, pp.188–213.

eMarketer. Influencer Marketing Roundup (August 2017), https://www.insiderintelligence.com/public_media/docs/eMarketer_Roundup_Influencer_Marketing_2017_5.pdf.

Scher, S., Schett, F., "Opinion leadership: A review and future directions", *Journal of Advertising*, Vol.50, No.1, 2021, pp.15–31.

Elkin, P., Katz, E., Lazarsfeld, P. F., Roper, E., *Personal influence: The part played by people in the flow of mass communications*, Free

Press，1955.

Shoham，A.，Ruvio，A.，"Be my friend：Modeling friendship influence on purchase"，*Journal of Consumer Behaviour*，Vol.7，No.4－5，2008，pp.355－367.

Stern，B. B.，Gould S. J.，"The consumer as financial opinion leader"，*Journal of Retail Banking*，Vol.10，No.2，1988，pp.43－55.

Haikel-Elsabeh，M.，"The future of influencer marketing：evolving with today's social media influencers"，*Journal of Strategic Marketing*，Vol.22，No.5，2014，pp.402－420.

陈莹：《SIVA营销理论下文创与高职图书馆的结合与创新》，《老字号品牌营销》2021年第10期。

段淳林：《KOC：私域流量时代的营销新风口》，《中国广告》2019年第11期。

范红召：《基于搜索引擎的"SIVA"网络营销理论模型的应用研究》，《现代经济信息》2013年第9期。

冯美连：《私域流量的搭建与运营探析——以李佳琦电商直播为例》，《新闻知识》2020年第5期。

高凤：《基于SIVA理论的卷烟零售终端销售渠道拓展研究》，《现代营销（下旬刊）》2020年第11期。

韩震：《作为媒介的KOL：社交媒体视角下小众KOL广告兴起的原因探究》，《新媒体研究》2021年第7卷第12期。

康彧：《私域流量：概念辨析、运营模式与运营策略》，《现代商业》2020年第23期。

李娜、何继军：《外籍关键意见领袖（KOL）在中国跨文化传播案例研究》，《声屏世界》2021年第18期。

刘畅：《KOL是媒体，KOC是渠道》，《销售与市场（管理版）》2020年第10期。

刘春雄：《立体连接三大关键词：KOC、场景、体验》，《销售与市场（管理版）》

2020年第12期。

刘丽庆:《深耕私域流量池延展社区社群电商生命线》,《商场现代化》2021年第5期。

马弘、周婕:《基于SIVA范式的创意赋能型高校古籍资源推广路径构建》,《大学图书情报学刊》2022年第40卷第11期。

陶沁玉、陈思:《基于全媒体信息传播模式矩阵的直播类KOL研究——以李佳琦为例》,《中国商论》2022年第1期。

吴丹妮:《基于小红书APP的商业运营模式浅析》,《全国流通经济》2021年第31期。

项勇:《传统媒体打造"KOC"方向探索》,《传媒评论》2020年第4期。

致　谢
感谢所有支持我的读者和合作伙伴！

　　三年对KOC的研究学习，是我人生中一次至关重要的旅程。回顾这段时光，我不仅在学术上取得了宝贵的成果，更重要的是，我建立了一系列综合技能，包括研究能力、逻辑思维、自信。通过将定性研究和定量研究相结合，我对研究本体论和范式等概念有了更深入的理解，同时也更加深刻地认识了自己。

　　首先，我要感谢巴黎高等管理学院对我多年来的培养。特别是，我要感谢他们在2022年下半年对我的工作给予的大力支持，包括巡讲活动和在线直播。我要特别感谢巴黎高等管理学院中国区校长祖婷婷老师，在过去三年中的悉心呵护、陪伴，并给予我各种"疑难杂症"的精细化耐心指导。她总是能够以最快、最简单的方法帮助我解决最棘手的问题和障碍。同时，我要感谢唐文纲博士无数次的一对一论文辅导，以及在我工作中作为直播演讲嘉宾的支持；感谢胡子夏（Vivienne）老师对我无微不至的关怀，及时提醒每堂课程安排，以及耐心提供各种建议和帮助。此外，我还要感谢孙雪峰、肖靖伟和蔡楚燊三位师兄的指导和鼓励，使我倍感荣幸。同时,我也要感谢所有授课教授、潘胜和万畅对我在专业领域的指导和帮助。在这个过程中,我和老师们一起克服了各种困难,勇往直前,咬牙坚持。

在这个过程中,我得到了很多人的帮助和鼓励。我要衷心感谢我的导师玛丽·努尔·海克尔-伊丽莎白教授。在她的严格要求和悉心指导下,我完成了对KOC的研究。作为法国市场营销领域的专家,玛丽·努尔·海克尔-伊丽莎白教授以PhD学员的标准要求我的研究过程,让我时刻保持警醒并坚持正确的方向。每当我遇到无法解决的问题时,她总是以最简明的方式指出我的问题所在,或者通过反问的方式训练我的思辨能力。这使我在研究和撰写过程中不再迷茫,而是能够明确目标并保持清醒。每当我遇到无法突破的知识边界时,她总是能够告诉我如何突破的方法。尽管由于全球突发事件,在这三年里我们只有一次面对面交流,但她的邮件和Skype指导一直伴随着我,让我感受到了师生之间深厚的情谊。

此外,我还要感谢全球工商管理博士负责人马尔塞·索塞(Dr. Marcel Saucet)教授的热情洋溢的演讲,以及奢侈品家族迪拜CHALOUB集团企业继承人国际大师兄米歇尔·沙卢布(Dr. Michel Chalhoub)的努力,以及同期师兄、海王星石油(NEPTUNE OIL)首席执行官安托万·恩赞格(Dr. Antoine Ndzengue)的惊悚故事。他们的分享和交流让我受益匪浅。他们对自己的严格要求、坚持不懈的努力以及顺利完成研究的毅力让我深受启发。我们一起学习、互相帮助,并度过了许多难忘的线下和线上的课堂时光。

回想起这三年的学习过程,我深刻体会到了点点滴滴的重要性。在这段难忘的航程中,没有大家的帮助和鼓励,我可能无法在泪洒巴黎街头的那一刻重新鼓起勇气。更重要的是,我克服了许多困难,一路坚持下来。

我要感谢360公司的领导们和合作伙伴们对我研究KOC的大力支持,以及那些业内大佬们,他们接受了我的访谈。以下是他们的名字:李春辉、车亚楠、李静、张建星、吴伟华(弗朗)、朱宏刚、陈兴禄、卢坤洁、黄敏、黄岳汾、李乐飞、崔崧、David、许宏伟、孟冉、赵轶俊、罗玉婷、张帆、包逸逸、周错敏、Rosa Wei、Mandy Zhang、Mr. J、王小行、叶忠鸣、冯晓丽、杨苗、李文智、Mr. S、Mr. A、Mr. Wang、李饺、Mr. L、Mr. X、Mr. L 和 M。排名不分先后,我对他们的帮助表示由衷的感谢。

感谢王旭在消费者调研方面的帮助,他的专业见解为我的研究提供了有力支持。同时,我也要感谢我的同事们:Leo、卫鑫、林樱、尚俊男、韩洋、王蕾、刘征、顾夏菁、金时贤、张帆、原以恒、李饺、程玮婧和张凯等。他们的协助和支持使我在研究KOC的工作中更加得心应手。

我要感谢我们的客户爱马仕、路易威登、古驰、普拉达和思琳等。他们的信任和支持是我不断进步的动力。同时,感谢百度百科和文心一言提供了本书脚注中的所有内容,为我的研究提供了丰富的参考资料。

感谢我的好友Sean Park先生的信任,以及挚友安静和张欣的安慰。他们陪伴我度过了最艰难的时刻,给予了我巨大的精神支持。同时,我也要感谢我的家人对我的支持和宽容,他们是我专心学习和完成学业的坚实后盾。没有他们的理解和支持,我不可能取得今天的成绩。

我也应该感谢自己,感谢自己对自己进行投资,感谢自己说服自己,在无数个下班后和周末休息时间打开电脑上网课或者进行写作。这种自律和坚持让我能够不断提升自己,并取得了今天的成绩。

最后,我要感谢帮助我写推荐序和推荐语的各位教授和专家们:蒋青云教授、玛丽·努尔·海克尔-伊丽莎白教授、胡梦周、祖婷婷、唐文纲博士、张斌博士、王南、王娜、Amy Lim、底飞和计宏铭。他们的认可和支持是我前进路上的重要动力。此外,我还要感谢那些通过在线问卷参与调研的1 356位数字营销执行层人士和33位KOC,虽然我们之间只有线上的联系。我从他们的言辞中读到了他们温暖的支持,感谢他们对KOC学术研究的支持。

总之,经过三年的KOC研究阶段学习,我获益良多。我不仅完成了本书内容的研究,还建立了一套综合技能,并结识了许多优秀的导师和同学。我将永远珍视这段美好的回忆,并继续为进一步前行而努力。在此再次感谢所有给予我帮助和鼓励的人!

本书中可能还存在一些不足之处,欢迎各位老师和朋友批评指正。再次感谢大家!

赵灵慧,2022年12月3日,上海

图书在版编目(CIP)数据

关键意见消费者：概念、特征和价值 / 赵灵慧著. 上海：上海社会科学院出版社，2024. -- ISBN 978-7-5520-4473-7

I. F036.3

中国国家版本馆CIP数据核字第2024BW1591号

关键意见消费者：概念、特征和价值

著　　者：赵灵慧
责任编辑：应韶荃
封面设计：周清华
出版发行：上海社会科学院出版社
　　　　　上海顺昌路622号　邮编200025
　　　　　电话总机021-63315947　销售热线021-53063735
　　　　　https://cbs.sass.org.cn　E-mail:sassp@sassp.cn
排　　版：南京展望文化发展有限公司
印　　刷：上海颛辉印刷厂有限公司
开　　本：890毫米×1240毫米　1/32
印　　张：6.125
字　　数：130千
版　　次：2024年9月第1版　2024年9月第1次印刷

ISBN 978-7-5520-4473-7/F·778　　　　　定价：48.00元

版权所有　翻印必究